Klausbernd Vollmar

Fahrplan durch die Chakren

Ein Übungsbuch zur Aktivierung der Energiezentren

rororo
transformation

rororo transformation
Herausgegeben von Bernd Jost
und Jutta Schwarz

Umschlaggestaltung Peter Keller

Veröffentlicht im Rowohlt Taschenbuch Verlag GmbH,
Reinbek bei Hamburg, Januar 1988
Lizenzausgabe mit freundlicher Genehmigung

Satz Trump Mediaeval (Linotron 202)
Gesamtherstellung Clausen & Bosse, Leck
Printed in Germany
980-ISBN 3 499 18513 X

Inhalt

Verzeichnis der Tabellen

Danksagung

Ohne die Teilnehmer an meinen Yoga-Gruppen und Workshops, die mir mit Bemühen und Kritik geholfen haben, meine Ideen zu modifizieren, wäre dieses Buch nicht zustande gekommen.

Den größten Dank schulde ich jedoch meiner Lehrerin Frau Doktor von Ungern-Sternberg, die mir eine humorvolle wie weise Begleiterin in meine Innenräume gewesen ist und mir zeigte, wo Osten und Westen sich in mir treffen und das Fest ihrer Verbindung feiern.

Neben meinen beiden Lehrern Frau Doktor von Ungern-Sternberg und dem Schamanen Black Horse Chavers, die mich liebe- und verständnisvoll auf den Weg begleiteten und mich lehrten, von der Lichtseite her die Schatten meiner Seele zu betrachten, haben mir auch gerade viele Menschen geholfen, die sich nicht ausgesprochenerweise als spirituell betrachten. Sie haben mich gelehrt, nicht in spirituellen Systemen zu erstarren und abzuheben und mich immer wieder kritisiert, meine Spiritualität «down-to-earth» zu bringen.

Erst im alltäglichen Leben zeigt sich, ob die hier dargestellten Lehren der Chakren-Arbeit integriert worden sind.

Meine längeren Aufenthalte in Findhorn – eine über zwanzig Jahre alte New Age-Gruppe im Norden Schottlands – haben mir die Augen und das Herz geöffnet, daß im Grunde jeder Mensch und jede Situation, die einem begegnen, ein Lehrer sind, und es einzig darauf ankommt, für die oft unbequemen Lehren offen zu sein. – In dieser Ansicht liegt für mich auch eine Überwindung des moralischen, patriarchalisch gefärbten Gottesbildes: Gott ist nicht die Personifizierung unseres schlechten Gewissens, sondern überall, allen Situationen, Menschen und Dingen immanent.

Des weiteren möchte ich ganz besonders Barbara Widdup, Uschi Schuch und Wolfgang Altmann danken, die sich nie mit ihrer Kritik zurückhalten konnten und sich mit mir teils furios auseinandersetzten – und es lieberweise noch immer tun –, obwohl ich sicherlich ein schwieriger Zeitgenosse für sie bin und teilweise in einer anderen, für sie schwer verständlichen und fremden Welt lebe. Sie haben mir jedoch gezeigt, daß die Liebe die größten Unterschiede zu überbrücken vermag und daß gerade durch die Polarität von Gegensätzen eine ungeheure kreative Kraft freigesetzt werden kann, wenn nicht einer den anderen zu überzeugen und zu missionieren versucht.

Zu guter Letzt möchte ich der Männergruppe aus Solingen danken, besonders Mani und Frank, die mir viel Selbstbewußtsein gegeben haben und den Mut zum praktischen Handeln vermittelten und mir dabei deutlich meine Hemmungen und Widerstände zeigten.

Als ich im sonnigen Herbst 1984 an der englischen Ostküste begann, dieses Buch zu schreiben, fragte ich mich oft, was ist von mir, was habe ich von anderen aufgenommen, gesammelt und integriert.

Ich kann das nicht mehr auseinanderhalten, und im Zeitalter der explodierenden Kommunikationsmöglichkeiten sollte ich meinen eigenen Anteil nicht zu hoch bewerten und vielmehr der Kraft dankbar sein, die mich so viele bewußte und liebesfähige Menschen treffen ließ, mir die Möglichkeit so vieler Reisen in andere Kulturen schenkte und mir jetzt die Ruhe des Landes gab.

Möge dieses Übungsbuch dem Wohle der Leser dienen.

Cley-next-the-Sea, Dezember 1984

Vorwort

Dieses Buch ist aus meinen eigenen Erfahrungen mit Yoga und den Methoden der humanistischen Psychologie entstanden. Und gleich vorweg gesagt, ich habe während der meisten Zeit meiner Chakren-Arbeit keinen Lehrer/keine Lehrerin und/oder Guru gehabt (jedoch viel Kontakt mit anderen Menschen, die Yoga oder auch andere Übungen regelmäßig betreiben).

Ich kam wie so viele von der Studentenbewegung zur Spiritualität über ein Versinken in der Therapiewelle. Sicherlich prägten mich die sechziger Jahre mit ihrem Hang zum Anarchismus, daß ich erst heute lerne, mich einem Lehrer, einer Lehrerin – was mir leichter fällt – hinzugeben.

Aber genauso wichtig wie die Hingabe empfinde ich eine gewisse antiautoritäre Haltung, denn nur das Leben in der Spannung beider Prinzipien scheint mir den Weg zu eröffnen, mit Autorität verantwortungsvoll umzugehen (sowohl mit der eigenen als auch der von anderen).

György Doczi[1] prägte in seinem anschaulichen Buch den Begriff der Dinergie[2] für die wachstumsspendende Kraft, die auf Gegensätzen beruht.

Auch ich habe in meinem Leben immer wieder erfahren, daß ich auf Kosten von Kreativität und Lebensfreude dahin tendiere, mich in Konfliktsituationen für eine Seite zu entscheiden, in der Hoffnung, mein Leben einfacher zu gestalten. Es war ein langer Prozeß zu erfahren, daß es mir mehr hilft, Spannungen bestehen zu lassen und sie auszuhalten, wodurch sie erst zu einer seelenbildenden Kraft werden können. Durch das Wirkenlassen von Spannungen werden meistens Gestaltungskräfte freigesetzt und der oftmals vereinfachende Intellekt zur Intuition erhöht.

Wer nicht direkt antwortet und reagiert, schafft sich die Möglichkeit, verantwortungsvoll aus seinem inneren Zentrum heraus zu handeln,und darum geht es letztendlich beim Yoga.

Die Kunst des Yoga liegt darin, einen dinergetischen Prozeß zwischen Spannung und Entspannung, zielgerichteter Bemühung und Sich-Fallen-lassen bewußt in Gang zu bringen.

Ich möchte dich als westlicher Leser, besonders wenn du schon Yoga praktizierst, zu Ideen und Erfahrungen verführen, die dir womöglich erst einmal ungewohnt sind.

Jede spirituelle Haltung und besonders die des Yoga gedeiht am besten auf dem Nährboden der Unsicherheit. Zuviel Sicherheit führt zur Erstarrung und macht alle Bemühungen unfruchtbar, denn die bei den Übungen gemachten Erfahrungen berühren nicht mehr Herz und Seele.

Sicherheit und Unsicherheit gehören wie gut und böse, Yin und Yang zusammen. Geraten beide aus dem Gleichgewicht, da ein Prinzip zu stark geworden ist, dann ist es mit der Bewegung, dem kreativen Tanz ums Gleichgewicht geschehen, und die Lebendigkeit verläßt die Übungen. Routine, Langeweile oder Aufgabe des Übens ist dann die Konsequenz. In einem solchen Fall ist das kurzfristige Aufgeben der täglichen Übungen genau das Richtige: Wir spielen ja nicht ‹Yoga-Museum›!

Ich möchte hiermit ein Übungsbuch vorlegen, und zwar mit Übungen, die dir deine Energiezentren im Körper deutlich spürbar machen und zugleich die Energien in deinem Körper wieder frei zirkulieren lassen. Das ist ein hohes Ziel, welches nur durch jahrelange Beschäftigung mit dir selbst zu erreichen ist, und dieses Buch möchte dir ein Wegweiser auf diesem langen Weg sein.

Mache dich frei von allen deinen Vorstellungen, allen Konzepten, die du von Chakras, Tantra und Yoga hast – was nutzen sie dir, außer daß du Bestätigung von längst Gewußtem erwartest? Statt auf den Körper schaust du auf Begriffe, Konzepte und Techniken wie der Astronom, der nicht mehr in den Himmel, sondern einzig in die Ephemeriden (Planetentabellen) schaut. Die Übungen können dir neue Erfahrungen bringen, es hängt ‹nur› davon ab, wie weit du dich von allen Konzepten und Strukturen freimachen kannst.

Es geht hier also um spezielle Übungen, die auf die Chakras, die Energiezentren deines Körpers wirken. Alle hier vorgeschlagene Arbeit an dir selbst ist ohne eine Lehrerin bzw. einen Lehrer durchführbar. Du bist der einzig Verantwortliche für sie. Habe keine Angst vor den sogenannten Fehlern bei den Übungen; Fehler besitzen ein sehr kreatives Potential, und gerade sie können dich zu dir selbst führen.

Liegt nicht im Zeitalter der Computer und der elektronischen Datenverarbeitung gerade die Kreativität im sogenannten Fehler?

Ich habe die Erfahrung gemacht, daß sich dort, wo ich einen ‹Fehler› mache, häufig der Nährboden für etwas Neues, Kühnes befindet – und ist nicht die Erfahrung, nicht immer ‹richtig› handeln, denken und fühlen zu können, gerade etwas sehr Menschliches?

Die hier aufgeführten Übungen zu den Chakren sind also ohne äußere Autorität durchführbar, wenn auch dieses Buch wiederum eine gewisse Autorität darstellt.

Ich möchte dich dahin bringen, auf deine innere Stimme zu hören, dich danach zu richten, was dein eigener Körper dir sagt. Es bedarf viel Zeit dazu und setzt auch einen gewissen Lebensstil voraus.

Man kann im Grunde nicht «mal eben für ein halbes Stündchen» an seinen Chakren arbeiten, sondern wenn du dich auf diese Übungen einläßt, dann arbeitest du in deinem Beruf, beim Einkaufen und Kochen, in der Sexualität und in der Disco mit deinen Chakren. Nicht daß du permanent nur an die Übungen denkst, sie gar an jeder passenden und unpassenden Stelle machst – das wäre ja schrecklich! –, sondern indem du beginnst, dein Leben, deine Umwelt anders zu sehen.

Die Arbeit mit den Chakren ist wohl mehr eine Frage des Bewußtseins als die konkreter Übungen, wobei konkrete Übungen dir erst einmal ein bestimmtes Bewußtsein vermitteln – wenn du dich nicht von ihnen binden läßt.

Aber: «DON'T GET ATTACHED» – binde dich nicht. Das ist der erste Lehrsatz des historischen Buddhas GAUTAMA oder SAKYAMUNI.

Wenn du bei oder nach den Übungen das Gefühl hast, du brauchst einen Lehrer oder eine Lehrerin, dann wirst du schon die entsprechende Person finden. Man zieht sowieso das an, was man braucht; mache dir da keine Sorgen.

Lehrer/innen haben den Vorteil, daß du lernen mußt, dich einzulassen, daß du an ihnen deine Autoritätskonflikte drastisch erleben kannst. Aber bedenke immer: Jeder, der dir begegnet, ist dein Guru, und dann hast du noch einen inneren Guru; also warum sich Sorgen machen?

Falls du über diese Übungen hinausgehen möchtest und du meinst, du brauchst einen Lehrer dafür, dann frage dich auch immer zugleich, was erwartest du von dem Lehrer?

Kannst du dir das nicht selbst geben?

Was hindert dich daran?

Als ich an meinem Kehl-Chakra arbeitete, kam ich trotz größter Bemühungen nicht weiter und suchte so eine Lehrerin auf, mit der ich monatelang regelmäßig arbeitete, um herauszufinden, daß ich das ‹Nicht-Weiterkommen› als Fortschritt und Entwicklung zu akzeptieren habe. Ich akzeptierte und machte ohne Anspruch allein weiter – wohin sollte sie mich noch bringen? –, und der Kloß im Hals verschwand, ich konnte freier atmen, mein Nacken entspannte sich.

Seitdem ich hier auf dem Lande lebe, ist mein großer Lehrer die Natur, mein Garten. In den Pflanzen, Sträuchern und Bäumen sehe ich die gleichen wachstumsbildenden Prozesse, die ich auch in mir erfahre. Das erinnert mich oft an Goethes Gedicht ‹Ephirrhema›, das ich in meinem Gartenschuppen aufhängte:

«Müsset im Naturbetrachten
Immer eins wie alles achten:
Nichts ist drinnen, nichts ist draußen,
Denn was innen, das ist außen.
So ergreifet ohne Säumnis
Heilig öffentlich Geheimnis.»

Die Blüten der Blumen wachsen spiralig aus ihrem Zentrum heraus, und alle Wachstumsstadien haben die gleichen Proportionen. Es besteht eine Spannung zwischen der Pflanze und ihrem Umfeld, in das sie hineinwächst. So ist zum Beispiel die Geste der Blattbildung der Charakterbildung des Menschen in seiner sozialen Umwelt vergleichbar.[3]

Proportionales Wachstum, darüber habe ich lange nachgedacht.

Wenn ich mir die Bewegungsabläufe im Yoga allgemein und in den Chakren-Übungen insbesondere verdeutliche, dann komme ich auf die gleichen geometrischen Formen und Figuren, die ich auch wieder im Garten oder beim Blick in den Himmel finde. Wie die Wachstumsspirale der Pflanzen im Mittelpunkt der Blüte ansetzt, so gehen meine Bewegungen im Yoga meistens vom Kreuzbein aus, das nicht ohne Grund OS SACRUM = heiliger Knochen genannt wird.

Die Bewegung meiner Hände wiederum spiegelt mikrokosmisch wider, was im gesamten Körper vor sich geht, hier ist der wichtige Drehpunkt, von dem alles ausgeht, das Handgelenk. Legen wir in der Gestik der Konzentration und des Lehrens Daumen und Zeigefinger aneinander und halten die restlichen drei Finger gestreckt und öffnen dann die Hand, so bildet sich bei diesem Bewegungsablauf die gleiche logarithmische Spirale, die wir als Wachstumsspirale bei den Pflanzen wiederfinden, wie auch bei den Spiralnebeln am Himmel, die man in den klaren Herbsttagen so gut sehen kann.

Wenn du Yoga übst, schärfe deine Wahrnehmung für die Geometrie der Körperbewegungen, nehme alle die verschiedenen Kreise und Spiralen im Raum wahr und dann wieder die Gerade, die meist mit der Entspannung verbunden ist.

Geometrie ist in unserer Kultur vom klassischen Griechenland über die Freimaurer und Bauhütten immer ein Instrument der Selbsterkenntnis und des darüber hinausgehenden Erkennens gewesen. Das zeigen schon allein die traditionellen Zeichen für Körper □ Geist △ und Seele ○ (übertragen auf Yoga: ASANA □, MEDITATION △ und PRANAYAMA ○).

Von Carl Gustav Jung bin ich wohl sehr beeinflußt worden, der dem Yoga für Westler sehr kritisch gegenüberstand. Er hat mir die Freiheit gegeben, mit den Yoga-Übungen herumzuspielen, mit den Chakren auch spielerisch umzugehen. So bin ich zu meinem eigenen Stil gekommen, der sich keiner Schule, Richtung oder Ideologie zuschreiben läßt. Ich bin durch eine Jungsche Traumanalyse dorthin gelangt und durch das Studium seiner Werke im Anschluß daran.

Für mich bleibt das Paradox bestehen, daß Yoga und die Chakren-Arbeit so ernst und wichtig sind, daß wir einzig spielerisch damit umgehen können. Und dieses Spiel verbindet uns wieder tief mit unseren Wurzeln in der Kindheit, in der Körperbewegung und Kreativität untrennbar und problemlos (zumeist) verbunden sind. Irgendwo steht in Friedrich Schillers Ästhetik: «Der Mensch ist Mensch nur, wenn er spielt.»

Spiel, Konzentration und Ernst schließen sich nicht aus, und so können wir uns spielerisch Systeme aneignen und sie zugleich individuell modifizieren, ohne Gefahr zu laufen, als entseelte Techniker Yoga, Tantra und Chakren-Arbeit zu leisten.

Allerdings stört mich immer das strenge Wort ‹Arbeit› bei Chakren-Arbeit und Körper-Arbeit zum Beispiel. Es ist hier sicherlich die unentfremdete Arbeit im Marxschen Sinne gemeint. Aber ist unentfremdete Arbeit in dieser unserer westlichen Gesellschaft überhaupt möglich?

Positiv denkend halte ich viel vom Prinzip Hoffnung: Je mehr Menschen in unserer heutigen Zeit positive Erfahrungen mit ihrem Körper, ihrem Geist und ihrer Seele machen, um so einfacher wird es für den Rest der Menschheit sein, sich auf diese Erfahrung einzuschwingen. So zeigt der Biologe Rupert SHELDRAKE[4] auf, wie Erfahrung in unserer Welt überall ist und sich lebende Organismen auf Erfahrungen von anderen einschwingen, auch wenn sie keinen Kontakt miteinander haben (für die Physik-Liebhaber: Das ist die biologische Formulierung des Bell'schen Theorems).

Gemäß der Physik nach Einstein ist die Erfahrung eines Teils des Universums auch immer überall vorhanden, und «so müssen wir berücksichtigen, daß auch Augenblicke, die zeitlich (und örtlich) getrennt sind, auf nicht-kausale und nicht-lokale Weise miteinander verbunden sind»[5].

Das Ganze mal ganz einfach ausgedrückt: Jeder der mit seinen Chakren arbeitet, hilft auch jedem anderen auf dem gleichen Weg, wie ihm auch von jedem anderen geholfen wird, der sich je auf diesen Weg begeben hat. Jeder nimmt auch eine individuelle

Abwandlung des Yoga-Weges vor, und so bleibt Yoga lebendig, da es wandelbar ist.

Diese Erfahrung kann im kleinen Bereich schon jeder in Yoga-Gruppen machen, die nicht unbedingt einen Lehrer haben müssen: Wenn ich Yoga und Chakren-Arbeit gemeinsam mit einem Freund oder einer Freundin mache, dann entsteht oft eine synenergetische Energie, die mich konzentrierter, genauer und bewußter arbeiten läßt, als ich es allein tun würde.

Zuletzt möchte ich noch erwähnen, daß ich eine Ausbildung in klassischer Psychologie und deren Psychotherapien wie auch in den Methoden der humanistischen Psychologie durchlaufen habe. Von daher lege ich den Schwerpunkt in der Chakren-Arbeit auf die psychische Verarbeitung und auch auf die intellektuelle Integration der dort gemachten Erfahrungen.

Ich möchte aber auf der anderen Seite auch nicht alles psychologisieren. Ich weiß wohl – im Herzen –, daß der Mensch auf seinem Weg vom Tier zu Gott weit mehr als nur seine Psyche ist und bin mir bewußt, daß an jeglicher menschlichen Äußerung auch seine Psyche Anteil hat. Im Grunde sehe ich den Menschen als ‹Körper-Geist-Psyche-Kontinuum› an.

Die klassische Psychologie ist eine sehr junge Wissenschaft und die humanistische eine noch viel jüngere Praxis, geboren aus dem Unbehagen an unserer Zeit. Yoga ist eine im Vergleich dazu uralte Wissenschaft[6] (oder ist es mehr eine Lebensweise?), die sich vorzüglich mit der menschlichen Psyche beschäftigt.

Ich habe während meiner Ausbildung als Psychotherapeut bemerkt, daß die westliche Psychologie in die Pathologie verliebt ist, es geht ihr immer um krankhafte Zustände, also im Grunde um ein negatives Denken. Dieses negative Denken hat seine Wurzel in der fragwürdigen Abgrenzung von Gesundheit und Krankheit. Yoga und die Chakren-Lehre gehen davon aus, daß jeder Mensch heil ist, nur die meisten haben kein Bewußtsein darüber.

Seit Maslow, Fromm und Janov sucht die humanistische Psychologie sich dieser Auffassung anzunähern, dennoch habe ich in Gestaltgruppen immer wieder vorgeworfen bekommen, ich sei nicht im Hier und Jetzt, rede von etwas – wie ich es hier in diesem Buch tue – und sei nicht klar; in der BIOENERGETIK mußte ich mich mit all den Verpanzerungen und meiner Charakterstruktur herumschlagen[7], nur im Yoga konnte akzeptiert werden, daß ich ganz und heil bin – auch wenn ich es erst selbst nach allen diesen Therapieerfahrungen nicht ganz glauben konnte –, und wie so häufig haben wahrscheinlich beide Seiten recht.

Beim Übergang vom Fische- zum Wassermann-Zeitalter wird die Forderung aktuell, daß die Gefühle unter einem geistigen Ziel integriert werden. Wir gehen von der gefühlsmäßigen Wasserqualität (Fische = Wasserzeichen) in die geistige Luftqualität (Wassermann = Luftzeichen), und so betrachtet hat sich die humanistische Psychologie überholt, was jedoch nicht heißt, daß wir eine gefühlsferne Geistigkeit haben sollten. Es wäre schön, wenn die Befreiung des Gefühls dem geistigen Ziel diente. Ich bin hier vielleicht etwas hart mit der humanistischen Psychologie umgesprungen. Natürlich hat sie auch ihren Stellenwert, denn wer von uns hat schon seine Gefühle befreit, kann sie angstlos ausdrücken? Am Ende des Fische-Zeitalters sollten wir das gelernt haben, um dann im Neuen Zeitalter (dem des Wassermanns) die so befreiten Gefühle einem geistigen Ziel unterordnen zu können. Aber wir leben noch in der Übergangsphase, und um die Lernaufgabe des Fische-Zeitalters zu vollenden, bietet uns die humanistische Psychologie beste Hilfsmittel.

Wie verbinde ich nun diesen Widerspruch zwischen geistiger und gefühlsmäßiger Arbeit?

Die geistige und gefühlsmäßige Arbeit fällt zuerst einmal in der Meditation in eins. Dies gibt uns oftmals Hinweise, wo wir in die Vergangenheit gehen müssen – was in den Yoga-Texten PRATI PRASSAV genannt wird – und wo wir etwas aufzulösen haben. Vom Yoga und der Meditation ausgehend arbeite ich an meiner Vergangenheit, dann kann ich hilfreich BIOENERGETIK, GESTALT-THERAPIE oder was auch immer aus der großen Mottenkiste der humanistischen Psychologie anwenden.

Am meisten blockieren mich jedoch Ideale, die letztendlich immer hinter diesen Therapieansätzen stehen, und wie heißt es so treffend: «Ideale zu haben, heißt gegen Gott zu sein.» Aber kommt Yoga wirklich so ganz ohne Ideale aus?

Ich bin der Ansicht, daß sich Yoga und zumindest die humanistische Psychologie ergänzen sollten als die fruchtbare Verbindung der Gegensätze von Ost und West. Hier wären wir auch wieder bei der DINERGIE angelangt.

Kleiner Exkurs zur humanistischen Psychologie:

Ich möchte hier auch gleichzeitig die humanistische Psychologie in ihrer Tendenz, auf die vorrationale Ebene der Menschheitsentwicklung zurückzugehen, kritisieren. Ken WILBER[8] betont, daß vielfach die humanistische, körperbetonte Psychologie in eine «präpersonale, kultistische, narzißtische» Richtung geht, die historisch gesehen starke regressive Züge aufweist. Gleichermaßen könnte man auch die Yoga-Praxis vieler Westler kritisieren: Häufig lehnen sie jeglichen intellektuellen Reflexionsanspruch ab und flüchten sich in eine asiatische Scheinwelt, in der für sie alles in Ordnung ist. Bloß nicht denken, diese Kulturstufe der Menschheitsentwicklung lehnen wir als ‹böse› und ‹übel› ab (Freud charakterisiert so was zu Recht als regressiv pathologische Abspaltung).

Außerdem glaube ich, daß die humanistische Psychologie die Grundannahmen der klassischen Medizin beibehält: letztendlich ist auch dort der Geist materiell als Funktion des Körpers beschrieben.

Mir ist es hier in meinem Ansatz wichtig, daß jegliches Erlebtes auch wieder intellektuell aufgearbeitet werden muß, denn das Verstehen- und Erklären-Können stellt einen wichtigen Evolutionsschritt dar, hinter den zurückzugehen kindisch wäre. Auf der psychischen Ebene hat die Analyse genauso ihre Berechtigung wie die Körperarbeit der humanistischen Psychologie oder deren Sensitivity-Spiele.

Der humanistischen Psychologie wäre zum Beispiel vom Yoga her die Frage zu stellen, wozu und wohin sie denn so emsig die Gefühle befreit.

Was ich an der humanistischen Psychologie wie dem Yoga schätze, ist die Betonung der Wahrnehmung. Wahrnehmung steht vor dem Denken!

Wer Yoga aus Angst vor der humanistischen oder klassischen Psychologie übt, wer Angst vor all den Gefühlen hat, die ihn bedrängen könnten, der sollte, bevor er sich auf den Yoga-Weg begibt, unbedingt in andersartige Therapiegruppen gehen – sei es nun Gestalt, Bioenergetik oder Rebirthing, die sich alle drei bestens mit Yoga verbinden lassen und besonders mit der Chakren-Arbeit, da sie ähnliche Vorstellungen über den Fluß der Energien im Körper haben.[9]

Damit wäre die Einleitung beendet.

Vielleicht haben sich deine Erwartungen verändert oder du bist ent-täuscht – auf jeden Fall möchte ich dich auf die Verbindung von Yoga und Zeitgeist einschwingen.

Anmerkungen

1 DOCZI, G.: Die Kraft der Grenzen, München 1984, S. 15

2 DINERGIE: Dinergie geht auf zwei griechische Worte zurück: DIA = durch und gegenüber und ENERGIA = Wirksamkeit. Dinergie ist also wörtlich genommen ‹die Wirksamkeit durch Verschiedenes›, und genau das möchte ich hier ausdrücken.

3 Vgl. dazu genauer Goethes Ideen zur Urpflanze und KRANICH, Ernst Michael: Die Formensprache der Pflanze. Grundlinien einer kosmologischen Botanik, Stuttgart 1979

4 SHELDRAKE, R.: A New Science of Life, London, Toronto et al. 1983

5 DOSSEY, Larry: Die Medizin von Raum und Zeit, Basel 1984, S. 161. Der Physiker Bell – nach dem das Bell'sche Theorem benannt wurde – brachte 1964 den Beweis, daß alle auch räumlich und zeitlich getrennten Ereignisse miteinander verbunden sind. Dies ist eine Konsequenz aus der Quantentheorie, die das physikalische Gegenstück zum Jungschen Begriff der Synchronizität darstellt.

6 INHOFFEN, Hubertus v.: Yoga – Wissen der Vergangenheit, Wissenschaft der Zukunft, München 1983, S. 13; dort gibt der Autor das Alter der klassischen Yoga-Lehren mit über 5000 Jahren von heute an – eine Angabe, die durch viele Yoga-Bücher meist unbelegt geistert. Damit fiele die Entwicklung der Yoga-Theorien in die Zeit des Baus der großen Pyramiden.

7 Als typisches Beispiel für die Liebe zur Pathologie selbst in den der humanistischen Psychologie nahestehenden Therapiemethoden mag Teschlers Polarity-Handbuch gelten (TESCHLER, Wilfried: Das Polarity-Handbuch, Haldenwang 1984, S. 9ff.). Trotz des Lippenbekenntnisses zur humanistischen Psychologie tritt uns gleich auf den ersten beiden Seiten des sonst sehr brauchbaren Buches das dunkle Bild vom Hin- und Hergerissensein zwischen den Polaritäten entgegen, Starrsinnigkeit, Unzufriedenheit und

Muskelverspannungen werden beschworen, es geht um Unruhe und Erkrankung. Wie endet etwas, was so beginnt?

8 WILBER, K.: Halbzeit der Evolution, München 1984

9 Es gibt deutliche Parallelen zwischen dem Reichschen Konzept der Orgon-Energie, dem der Prana-Energie bei den Rebirthern und dem der Prana-Energie in den Yoga-Schriften (die Rebirther beziehen sich zumeist, wenn auch oft ungenau, auf die Yoga-Schriften). Aus dem Feldbegriff der Gestaltpsychologie (z. B. Kurt LEWIN) läßt sich ein Hier-und-Jetzt-Bewußtsein ableiten, das dem Ideal der Yoga-Schriften exakt gleicht.

Yoga für Westler

«Die Psychoanalyse selbst und die Gedankenreihen, die sie entstehen läßt – gewiß eine ausgesprochen westliche Entwicklung – sind nur der Versuch eines Anfängers im Vergleich zu dem, was im Osten seit undenklichen Zeiten eine Kunst ist.»

Carl Gustav Jung

Die Frage, die vorweg beim Yoga und der Chakren-Arbeit insbesondere zu stellen ist, ist die Frage nach der Unterdrückung und Sublimation.

Ich gehe davon aus, daß das Ziel eines jeden Weges, sei er nun ein spiritueller wie der Yoga-Weg oder einer der humanistischen Psychologie, ist, zur eigenen Seele und von dort aus zur Seele des anderen Kontakt zu bekommen. Die Seelenverbindung mit dem DU erschließt uns den Kontakt zur Außenwelt schlechthin. In den Augenblicken, wo wir mit dem DU verbunden sind, kann sich das ganze Universum öffnen, und plötzlich gibt es kein «Innen» und «Außen» mehr.

Kann nun dieser Seelenkontakt durch eine Methode, eine Technik, wie sublim und komplex sie auch sei, gefördert werden?

Liegt nicht die Gefahr darin, daß die Mannigfaltigkeit des Kosmos, wie sie sich im Menschen abbildet, eindimensional verkürzt wird, wenn ich eine bestimmte Methode und Technik anwende, ja, daß sogar die Gefahr besteht, daß ich einige Seiten an mir verdränge?

Allerdings gilt es auch zu bedenken, daß wenn nicht gar die Verdrängung, so doch zumindest die Sublimation auch zu sehr kreativen Leistungen führen kann – zumindest in unserer westlichen Gesellschaft.

Hier sollte sich jeder die Frage vor Beginn der Übungen stellen, warum er denn eigentlich von den vielen möglichen Wegen den Yoga-Weg wählt?

Wo kann der Yoga-Weg und die Chakren-Arbeit meine unbewußten Wiederholungen im Leben, unter denen ich leide (die sogenannten neurotischen Wiederholungsstrukturen nach Freud), verdecken?

Ich möchte dazu einige Beispiele bringen:

Da gibt es unter anderem eine Seite in mir, die will alles ‹im Griff› haben, alles beherrschen, da gibt es die Kontrolle aus Angst vor dem Sich-Hingeben, da gibt es die starre Disziplin aus Furcht vor dem Sich-Gehenlassen. Solche Seiten werden mit der Chakren-Arbeit nur zu leicht gestärkt... Achtung! Falle...

Eine disziplinierte westliche Person – und wer kann sich nicht von uns darin wiedererkennen? –, die sich für den Yoga-Weg entscheidet, läuft Gefahr, sich gerade mit dem Yoga und seiner Übungsdisziplin zu identifizieren und sich im Grunde zu beschränken, statt sich zu befreien. Lassen wir hier C. G. Jung zu Wort kommen:

> «Der westliche Mensch bedarf der Überlegenheit über die Natur außen und innen nicht. Er hat beides in beinahe teuflischer Vollendung. Was er aber nicht hat, ist die bewußte Anerkennung seiner Unterlegenheit unter die Natur um ihn und in ihm. Was er lernen sollte, ist, daß er nicht kann, wie er will. Lernt er das nicht, so wird seine eigene Natur ihn zerstören. Er kennt seine Seele nicht, die sich selbstmörderisch gegen ihn empört.
>
> Da er alles und jedes zur Technik machen kann, so ist im Prinzip alles, was nach Methode aussieht, gefährlich oder zur Erfolglosigkeit verdammt. Insofern der Yoga Hygiene ist, so ist er für den westlichen Menschen so nützlich wie irgendein anderes System. Der Yoga im tiefsten Sinne meint das aber nicht, sondern er will viel mehr, nämlich, wenn ich es richtig verstehe, die endgültige Lösung und Befreiung des Bewußtseins von aller Objekt- und Subjektverhaftung. Da man sich aber von nichts befreien kann, was

einem unbewußt ist, so muß der Europäer sein Subjekt zuerst kennen lernen. Dies ist, was man im Westen das Unbewußte nennt.»[1]

Der springende Punkt ist die Kenntnis des Unbewußten, und um zu unserem Beispiel zurückzukehren: Der disziplinierte westliche Mensch, der sich für Yoga entscheidet, läuft leicht Gefahr, Yoga und die Chakren-Arbeit als Technik zu benutzen, die ihm gerade den Zugang zu seinem Unbewußten verstellt und ihn noch mehr in Äußerlichkeiten erstarren läßt. Die Befreiung vom Yoga-System und die Entwicklung eigener kreativer Übungen findet hier nicht statt.

Das höchste Ziel im Yoga wird nicht ohne Grund als das weiße Licht bezeichnet, und hierin liegt die Idee der Mannigfaltigkeit, denn durch die prismatische Brechung des weißen Lichtes lassen sich alle Lichtfarben erzeugen!

In einigen Yoga-Schriften wird auch die Erreichung des höchsten Chakras, des tausendblättrigen Lotos oder Sahasrara, mit dem Regenbogen symbolisiert, worin wieder die Mannigfaltigkeit, die Verbindung der Gegensätze – z. B. Komplementärfarben – ausgedrückt ist.

Wenden wir uns kurz der Aggression zu, wobei dies zugleich eine Herausforderung ist, im positiven Denken zu bleiben.

Ist die Aggression letztendlich Liebe am falschen Platz, oder ist die Aggression die wesentliche Kraft der Veränderung?

Ich frage mich allerdings, kann es überhaupt Liebe am «falschen Platz» geben? Ist Liebe zumindest als wirkliche Liebe nicht überall, wo sie ist, am richtigen Platz? Ich möchte diesen beliebten Ausdruck der Gestaltpsychologie ändern: Aggression ist möglicherweise Energie (statt Liebe) am falschen Platz. Aggression kommt vom lateinischen *aggredi*: an etwas herangehen, sich nähern.

Von Menschen, die Yoga und Chakren-Arbeit betreiben, wird zumeist die Aggression als böse, negativ und schlecht bewertet. Natürlich kann ich meinen Atem nicht mehr diszipliniert kontrollieren, wenn ich aggressiv bin, ich kann auch nicht mehr meine Konzentration gezielt auf die gedehnten Muskeln richten.

Aber ist das schlimm?

Wo bleibt denn hier die Mannigfaltigkeit der Gefühle?

Bei den Übungen zum Manipura-Chakra (Hara oder der Körperschwerpunkt) werde ich noch auf die Idee des ‹positiven Kämpfens› kommen, eine wesentliche Haltung des Schamanismus.

Kann nicht das Yoga-Ideal der uns wesensfremden asiatischen Gesellschaft, daß nämlich der Yoga-Übende über den Aggressionen steht, in unserer Gesellschaft zum Beispiel demoralisierend wirken?

Aber Moral ist nicht dem Wesen des Yoga verwandt, zumindest die buddhistische Form des Yoga ist eine Form des direkten Erlebens und Erkennens, eher noch wissenschaftlich – zumindest im Sinne Goethescher Naturforschungen – als moralisch. So sollte man sich, spätestens wenn man mit dem Nabel-Chakra arbeitet, fragen, was denn überhaupt Aggression ist. Was als Aggression gesehen wird, was als gut oder böse erachtet wird; das sind alles kulturell geprägte Konzepte.

Was verstehst du unter Aggression?

Siehst du auch die ‹positiven› Seiten deiner Aggression?

Ich sprach eben vom Ideal des Yoga. Hat Yoga denn ein Ideal? Da schwebt ein Ideal über allen Yoga-Texten, daß der Mensch gut sein soll, zum Wohle anderer und zum eigenen Wohle handeln, denken und fühlen soll. Aber Ideale unterdrücken auch wieder, schließen etwas aus und das auf dem Weg der Befreiung, der ein Weg in die Vielfalt sein soll?

Ist dir dieser Widerspruch klar?

Dieser Diskurs ist übrigens die erste geistige Meditationsübung, die dich verwirren soll, denn die träge Ruhe des Übernehmens ist ein gefährlicher Nährboden für den Yoga.

Du siehst, mit Denken kann man alles relativieren, und zuletzt verbleibt uns nur, Einstein zuzustimmen, wenn er sagt, der einzig objektive Standpunkt ist der subjektive des Beobachters.

Ist Denken und Intellektualität nicht in allem widergespiegelt? Den Geist stelle ich mir auch immer beseelt vor, wie ich mir die Seele auch immer vergeistigt vorstelle und wie auch der Körper immer zugleich beseelt und vergeistigt ist – zumindest solange er lebt, wenn nicht immer.

Der Weg des Yoga ist ein systematischer Weg – zumindest bei

oberflächlicher Betrachtung. Erst wird der Körper beherrscht, um dann den Atem ruhig sitzend beherrschen zu können und mit ihm die Emotionen, um danach bei beruhigten Emotionen den Geist zu betrachten.

Aber alles hängt doch miteinander zusammen, jeder Teil enthält die Ganzheit: So hat die Seele Geist- und Körperaspekte, wie der Geist Seelen- und Körperaspekte hat oder einfacher und holographisch[2] ausgedrückt: Wenn wir auf der geistigen Ebene zwischen Körper, Geist und Seele unterscheiden wollen, dann muß sich diese Unterscheidung auch irgendwie auf der Ebene der Seele und des Körpers widerspiegeln. So entwickelt man beim Yoga und der Chakren-Arbeit sowieso letztendlich alles zugleich, ob wir nun mit dem Körper, mit der Seele oder dem Geist arbeiten.

Warum diese häufig auftretende Hierarchisierung im Yoga, von der übrigens in den Urschriften wenig zu finden ist?

Spätestens hier nehme ich an, daß du als Leser aussteigen möchtest, den Kopf schüttelst und sagst: «Das sind alles rein intellektuelle Probleme.»

Seit der vorwiegend eindimensional intellektuellen Phase der Studentenbewegung neigen wir dazu, im Schwarzweißdenken das Intellektuelle zu verteufeln, wenn auch der Teufel zumindest als Mephisto einen Aspekt der Intellektualität verkörpert.

Du solltest auch immer intellektuell verstehen, was du im Yoga machst, solange du noch nicht einfach so ohne Anspruch und Ideal leben kannst. Du solltest Yoga auch immer intellektuell problematisieren und dich dabei so verwirren, daß deine Gedankenformen dich berühren, dich bewegen.

Und noch ein Paradox: Du solltest dich nie einem «du sollst» fügen, dies ist der Chakren-Arbeit wesenhaft.

Hast du dir eigentlich schon die Frage gestellt, warum wir Westler immer davon ausgehen, daß wir uns verändern müssen? Ich setze mal provokativ «Erkenne dich selbst» und «Sei, wie du bist» dem entgegen.

Für mich hat der Yoga beide Seiten: Die des Anspruchs der Veränderung und die, einfach so zu sein, wie man ist. Das erinnert mich ans Tarot: Am Anfang steht der Narr und schaut

21 Veränderungen entgegen, um am Ende wieder der Narr zu sein.

Wenn wir über Yoga reden bzw. schreiben wie hier, dann müssen wir uns klarmachen, daß es für verschiedene Bewußtseinsebenen auch verschiedene Sprachebenen gibt. Die Griechen unterschieden im klassischen Altertum zwischen LOGOS und MYTHOS, der Sprache der Beziehungen der Objekte untereinander und der Sprache der Ströme des Unbewußten.

Die Struktur des LOGOS geht von den logisch richtigen Schlüssen aus und folgert den Gesetzen von Ursache und Wirkung entsprechend. Die Struktur des MYTHOS ist bildhaft und alogisch, mehr dem Traume gleich. Diese Unterscheidung zwischen LOGOS und MYTHOS spiegelt sich auch physiologisch in der Unterscheidung zwischen rechter und linker Gehirnhemisphäre wider, zwischen linker und rechter Körperseite ebenso.

Die eine Sprache kann nicht in die andere übersetzt werden, und so können wir auch nicht Yoga kausallogisch erfassen. Der Versuch jedoch ist wesentlich, und sein Ergebnis, die Verwirrung, zeigt uns genau, wo das Sprach- und Denksystem, in dem wir leben, seine Begrenzung hat. Dort geht Yoga weiter.

Ich selbst glaube, daß Yoga und die Chakren-Arbeit über die Ziele der humanistischen Psychologie hinausgeht, indem es Möglichkeiten anbietet, mit den freigewordenen Gefühlen kreativ und seelengestaltend umzugehen, wobei die humanistische Psychologie als ideale Ergänzung zum Yoga gesehen werden kann, da sie – zumindest für den Westler direkter – viele Gefühle überhaupt erst freisetzt.

Zum Schluß dieses Abschnitts möchte ich noch einige Meditationshinweise zum Thema Yoga und Macht geben.

Ich habe in letzter Zeit vielen Teilnehmern an meinen Yoga-Kursen die Frage gestellt, warum sie Yoga praktizieren und mit ihren Chakren arbeiten. Weitgehend kann die Antwort dahingehend zusammengefaßt werden: «Um vollkommener zu werden.»

In solchen Ansprüchen wittere ich wohl auch Machtansprüche, da ich von Machtgelüsten nicht frei bin – würde ich sonst Bücher schreiben?

Ich biete etwas – vielleicht – Bequemeres an: Wenn wir in allem den Machtanteil sehen können, dann löst sich die Macht wie der Rauch im Wind auf. Ich meine damit, daß der Umgang mit der Macht dort am gefährlichsten weil am unkontrolliertesten wird, wo man sich dessen nicht bewußt ist. Dort wo die Macht offen angewandt bzw. gesehen wird, dort kann ich mich auch offen für oder gegen sie entscheiden.

Die Chakren-Arbeit hat eine deutliche systematische Seite, und Systeme haben auch immer mit Macht zu tun. Ich habe mir auch die Frage gestellt, ob Yoga mehr männlich ist.

Im Zeitalter des Abenteuerurlaubs sind die Plätze der Außenwelt rar geworden, die es noch kühn zu erobern gilt. Yoga mit seinem Kernpunkt der Chakren-Arbeit bietet ein Fahrzeug zur kühnen Eroberung der inneren Räume an. Der männliche Held reitet nicht mehr wie John Wayne nach Westen, sondern er erobert seine verborgensten Innenräume, die Grenzen, die dabei überschritten werden können, sind die des Raum-Zeit-Kontinuums.[3] Bevor du mit der Chakren-Arbeit und im Grunde allen spirituellen Systemen beginnst, kläre deine Einstellung zur Macht und sei besonders vorsichtig, wenn du keine Machtaspekte bei dir findest.

Wie sieht es denn mit deinem Ego-Trip aus?

Auf viele der Fragen in diesem Abschnitt gibt es, glaube ich, keine offensichtlichen oder eindeutigen Antworten, und deswegen ist es wichtig, diese Fragen zu stellen. Oder anders ausgedrückt: Eine richtige Frage zu stellen oder eine Frage in der richtigen Weise zu stellen, bedeutet schon das Finden der Antwort. Auf dem Yoga-Weg der Chakren-Arbeit wird man sich viele solcher Fragen zu stellen haben, auf die es keine simplen Antworten gibt.

Das Leben ist ja nicht durch Fragen und eindeutige Antworten erschöpfbar.

Im Zen wird behauptet, daß die Frage, wenn sie richtig vergegenwärtigt wird, die Antwort ist.

Anmerkungen

1 JUNG, Carl Gustav: Yoga und der Westen. In: Gesammelte Werke Bd. 11, Olten, Freiburg [3]1979, S. 571–580, S. 577

2 Vgl. zur Holographie und den holographischen Aspekt des menschlichen Körpers das folgende Kapitel. Die gesamte Geisteshaltung dieses Buches geht von der holographischen Sicht unseres Universums aus.

3 Dies ist der Ort, wo der tibetische Lama sich mit Einstein trifft. Diese Welt jenseits der Grenze wird im Tibetischen als formloses, weites Land gesehen, die Welt diesseits der Grenze wird als SAMSARA bezeichnet.

Die Herausforderung der Körperübungen und die holographische Sicht auf den menschlichen Körper

«Weder das Sitzen in der Lotosstellung, noch das Schauen auf die Nasenspitze ist Yoga. Yoga ist das Einssein der Seele mit dem Allgeist.»

Kularnava Tantra

Ich versuche in diesem Übungsbuch, den holographischen Aspekt der Chakren-Arbeit für den Westler zu betonen. Das heißt, die Chakren-Arbeit soll nicht entfremdet von ihrer Technik her betrachtet werden, sondern es geht um ein Bemühen, sie aus ihrem Wesen heraus zu verstehen.

Viele Bücher und Kurse, die sich mit der Aktivierung der Chakren beschäftigen, weisen eine Tendenz auf, die Chakren-Arbeit von den Körperübungen her als reine Technik mißzuverstehen. Beginnen wir mit der Ganzheitlichkeit:

> «Eins ist ein guter Ort, um mit einem Zahlensystem zu beginnen, doch ein idiotisch-fauler Ort, um damit aufzuhören. ‹Alles ist eins› ist zu einem derartigen Gemeinplatz unter den intellektuell Lethargischen geworden, daß man betonen muß, daß das Spiel des Lebens sowohl Einheit als auch Pluralität miteinbezieht, serienmäßiger Zusammenhang und endlose Diversität, ewiges Gesetz wie auch ewiges Spiel.»[1]

Das Spiel von Einheit und Vielfalt: Die harmonischen Verhältnisse aller möglichen Körpermaße und -proportionen wiederholen sich immer wieder bei all den einzelnen Gliedmaßen; der Fuß, die Hand, der Kopf sind im Grunde ein individueller Mikrokosmos, der den Makrokosmos des Körpers abbildet. Die gleiche Aussage ist auch auf Körper, Geist und Seele anzuwenden: Der Körper zeigt die geistige und seelische Struktur, wie die Seele und der Geist auch die jeweils anderen beiden Qualitäten abbilden. Hierin liegt auch die Berechtigung der Aussage: Man gestaltet sein äußerliches Ansehen (körperlicher Phänotypus) selbst. Was besagt aber nun diese individuelle Wiederkehr des gleichen in immer anderen Ausprägungen im menschlichen Körper?

Was im Menschen und in der Natur zusammenhängt, kann nicht ohne ‹Strafe› getrennt werden. Eine solche ‹Strafe› bedeutet immer Entfremdung, das heißt, man entfernt sich von sich selbst als Einheit, entwickelt einseitig körperliche, geistige oder seelische Aspekte und vernachlässigt die anderen. Diese Disharmonie stört dann das gesamte System des Körpers. Form und Struktur des gesamten Menschen sind verhüllt in jedem seiner Glieder und Organe vorhanden, und eine Änderung in nur einem Teil bildet sich in allen Teilen wie im gesamten Phänotypus ab.

Ein HOLOGRAMM ist ein dreidimensionales Bild mit der besonderen Eigenschaft, daß jedes seiner Teile das Bild des gesamten Hologramms enthält. Die Information des gesamten Bildes ist in jedem seiner Teile vollständig und doch individuell ausgedrückt vorhanden (dies zeigen konkret auf den menschlichen Körper bezogen die Abbildungen 1 und 2).

Der Begriff des Hologramms ist zumindest in bezug auf den menschlichen Körper dem mehr nebulösen Begriff der Ganzheit vorzuziehen[2], denn er beschreibt exakt, was metaphorisch im Yoga-Sutra von PATANJALI über den Menschen ausgesagt ist. Hören wir uns dazu die buddhistische AVATAMSAHA-Sutra aus dem zweiten Jahrhundert an:

> «Man erzählt, im Himmel Indras gibt es ein Perlennetz, welches so angeordnet ist, daß wenn man eine Perle anschaut, man alle anderen darin reflektiert sieht, und wenn man sich in einen Teil davon hineinbegibt, löst man ein Glockengeläut aus, das in jedem Teil des Netzes ertönt, in jedem Teil der Realität.»

Diese holographische Sichtweise ist also nichts Neues, wir finden sie schon in der Kabbala im Symbol ALEPH und im 17. Jahr-

Abbildung 1
Die Chakren in ihrer Lage zu den Füßen und Händen

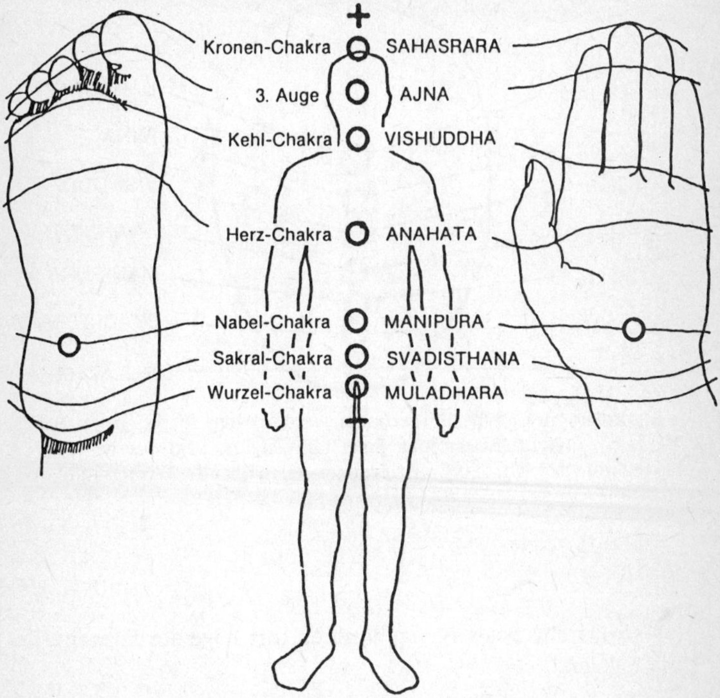

Diese Abbildung gibt die Stellen an Fuß und Hand an, die durch Drücken, Massieren oder Berühren direkt auf das entsprechende Chakra wirken. Eine Stimulation dieser Stellen weckt die entsprechenden heilsamen Prinzipien der Chakren in dir.

hundert bei Leibniz in seiner Monadologie. Neu ist nur, daß diese Sicht der Welt heute wiederentdeckt wird, da wir technisch in der Lage sind, Hologramme zu erzeugen. Dennis GABOR (1900–1979) beschrieb zwar schon 1947/48 die grundlegende Theorie der Holographie; allerdings war es erst nach der Entwicklung der Laser im Jahre 1960 möglich, auch wirklich Hologramme technisch zu produzieren. Die Holographie hat aller-

Abbildung 2

Die Chakren in ihrer Lage zum menschlichen Schädel (Aufsicht)

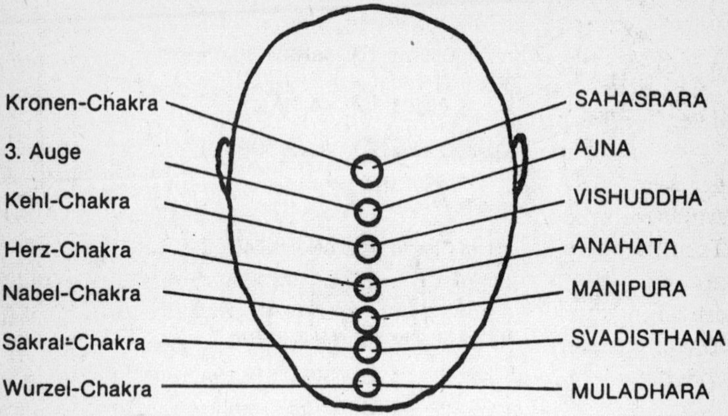

Jene Punkte können am besten gefunden werden, wenn man sich vom Sahasrara-Chakra aus orientiert (das Sahasrara-Chakra liegt hierbei auf die höchste Stelle des Schädels projiziert oder genau über der Wirbelsäule)

Schädelaufsicht eines Neugeborenen mit Lage der Fontanellen und Chakren

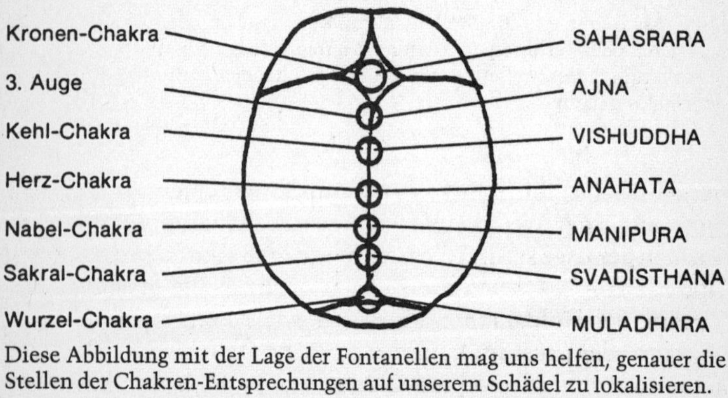

Diese Abbildung mit der Lage der Fontanellen mag uns helfen, genauer die Stellen der Chakren-Entsprechungen auf unserem Schädel zu lokalisieren.

dings nicht nur eine technische Seite, sondern entwickelt sich zu einer allumfassenden Theorie auf der Grundlage des quantenmechanischen Denkens. Immer mehr richtet sie ihr Hauptaugenmerk auf das Bewußtsein, das in der quantenmechanischen Denkweise als «verborgene Variable» gesehen wird. Dies wiederum liegt an dem Tod des ‹objektiven wissenschaftlichen Beobachters›, er wurde vom Partizipierenden abgelöst.

Die holographische Auffassung vom Menschen legt nahe, in der Chakren-Arbeit alle Aspekte des Menschen zugleich und stufenweise anzusprechen. Dies ist nicht so sehr eine Frage der Technik, denn die Fixierung auf den Technikaspekt spiegelt genau die Entseelung unserer Umwelt und von uns selbst wider, eine Tendenz, der gerade die Chakren-Arbeit aus ihrem Wesen heraus entgegentritt. Ohne Seelenenergie ist kein Chakra zu aktivieren oder gar zu öffnen.

Jetzt habe ich schon oft das Wort SEELE benutzt. Was ist das eigentlich, die Seele?

Hüte dich davor, das sprachlich formulieren zu wollen...

Das Symbol der Seele ist der Kreis, der blaue Kreis...

Natürlich werde ich hier Körperübungen vorschlagen, aber alle diese Körperübungen zu den einzelnen Chakren mögen dich mit deinen Gefühlen und selbst mit deiner Intellektualität in Kontakt bringen. Fühle dich so frei, sie abzuwandeln.

Die Chakren-Arbeit für uns Westler verlangt die Selbstanalyse unseres Seins, so wie es ist. Anders können diese Erfahrungen nicht integriert werden. Unintegrierte Erfahrungen plagen uns sowieso schon genug und erzeugen in uns Verspannungen und Apathie.

Unter INTEGRATION verstehe ich das vollständige Verarbeiten der Erfahrungen auf allen Ebenen, wobei das Verstehen, also der Intellekt auch seine dienende Rolle spielt.

Arbeite nie einseitig allein mit den Körperübungen, denn das wird es dir erschweren, dich als ganze Person zu empfinden. Höre in deinen Körper, beachte deinen Geist und achte auf deine Gefühle...

alles zugleich...

eins ist das andere...

Im Yoga wie in der Chakren-Arbeit insbesondere arbeiten wir

zumeist mit der Wirbelsäule, in der metaphorischen Sprache der Tibeter der Berg MERU. Das gerade Rückgrat in jeder Hinsicht (!) ist ein Ziel aller dieser Übungen.

Die meisten von uns haben ein gebrochenes Rückgrat – das ist auch wieder sowohl körperlich als auch metaphorisch gemeint. Die Wirbelsäule zeigt uns physiologisch ein klares Bild unserer Geschichte von der Empfängnis bis zum heutigen Tag. Wir finden im Rückgrat sowohl unsere persönliche Geschichte, die Geschichte der Menschheit und unseres Volkes, wie alle unsere Emotionen und Bewegungsabläufe gespeichert. Wer ist hier noch in der Lage zwischen Physiologie, Geschichte und innerer Haltung zu unterscheiden?

Jeder Wirbel enthält in seiner Beziehung zu allen anderen die Ganzheit aller dieser Aspekte. Und wenn wir unsere Wirbelsäule bewegen, dann führen alle diese Aspekte einen Tanz auf, bilden eine Geste, die zur Befreiung führen kann.

Was ist für dich Befreiung?

Befreiung wovon?...

Befreiung wozu?...

Alle Aspekte unseres Körpers können also nur zugleich angesprochen werden und werden es auch immer; wir müssen nur bereit sein, uns für ihre Sprache zu öffnen. Es gibt keine Körperübung (Asana), die nicht auch auf die Emotionen und den Geist wirkt, aber es gibt Yoga-Übende, die sich dessen nicht bewußt sind und so ihren Körper nicht dieser Ganzheit öffnen wollen – oder können.

Falls du bei den hier aufgeführten Körperübungen kein Gefühl spürst, keine plötzlichen Gedankenformen dich heimsuchen, dann suche in dir nach deinen Ängsten, die gewisse Ausdrucksweisen deines Körpers übersehen wollen.

Die Chakrenarbeit mit ihren Körperübungen (Asanas) kann also entweder therapeutisch befreiend durchgeführt werden oder als verdeckende Technik der Sublimation. Es liegt also an dir, was du aus den Übungen machst.

Yoga-Programme wie im IYENGAR-YOGA, die erst mit den Asanas beginnen, danach zu den Atemübungen (PRANAYAMA) übergehen, um die Emotionen zu reinigen, um dann letztendlich zur Meditation zu führen[3], geben die Entfremdung unserer arbeitsteiligen Gesellschaft wieder, die ein Urgrund für die Entseelung unserer Gesellschaft bietet.

Es ist für uns Westler oft nur schwer nachvollziehbar, wie naiv manche Yoga-Schulen in bezug auf ihr Gesellschaftsbild sind. «Alles ist eins» genügt wohl zur Beschreibung der modernen Industriegesellschaft nicht mehr.

Wenn wir allerdings beginnen, nur analytisch zu sehen, was untrennbar zusammenhängt, dann geraten wir leicht ins negative Denken und stellen uns in Gegensatz zur synthetischen Sichtweise des Yoga und der Chakren-Arbeit. Ich glaube übrigens, ‹sehen› ist immer mit Analyse verbunden, da wir stets nur einen Ausschnitt sehen können, solange wir unseren Blick auf etwas richten. Das ganze Wahrnehmen ist eine Schöpfung des Bewußtseins oder...? Yoga möchte zu einem Einheitserlebnis führen, und darin liegt auch seine heilende Kraft besonders in unserer modernen Gesellschaft.

Wenige Westler haben sich über die Didaktik der Chakren-Arbeit Gedanken gemacht. Vielleicht ist sie zu individuell, um in einem didaktischen Konzept festgelegt zu werden. Es geht ja bei der Chakren-Arbeit nicht um Massen, sondern um das Individuum.

Auf der anderen Seite leben wir in einer Zeit, dem Beginn des vielzitierten Wassermann-Zeitalters, in der mehr und mehr Westler sich dem östlichen Wissen zuwenden. Yoga-Gruppen gibt es an jeder Volkshochschule, und von den Chakras – einst verborgenstes Geheimwissen für den Westler und Ansatz vieler schauerlicher Mythen – haben auch schon viele gehört. Gerade jetzt kommt es darauf an, den Suchenden akzeptierbare Tips und Hilfestellungen zu geben.

Wenn wir nicht die Chakren-Arbeit als Weg in unsere psychische Struktur sehen, darstellen und lehren, wenn wir also die Chakren-Arbeit nicht mit unserer Seelenenergie verbinden, dann führt der «Yoga-Boom» zur disziplinierten Sublimation und leitet uns statt in die Heilung in den Zwang der Pathologie (Ego-Trips, zwanghafte, starre Disziplin, Erlernen von Produktionstugenden und vieles – im wahrsten Sinne des Wortes – Perverses mehr).

Die Chance der Chakren-Arbeit liegt darin, die Qualitäten

Körper, Geist und Seele als untrennbar zu erfahren und in ihnen das Abbild der Beziehungen zwischen Kosmos, Menschheit, einzelner Zelle und gesamtem Körper zu erleben.

Nach so vieler ‹Kopfarbeit› möchte ich erst einmal eine Übung nach Moische Feldenkrais vorschlagen, die uns auf das Erlebnis der Ganzheit einschwingen lassen soll:

> Stelle dich gerade hin, bringe deine rechte Hand hinten auf deinen Rücken, mit der linken Hand und dem Arm schwinge deinen Oberkörper nach unten, dann nach links und dann nach oben, so daß der linke Arm deine rechte Schulter kurz berührt. Nimm deinen Kopf bei der Gesamtbewegung mit und halte deine Augen lässig entspannt geöffnet.
>
> Wo liegt das Drehmoment deines Körpers?
> Welche Figuren zeichnest du in den Raum?
>
> Führe diese Übung einige Male auch mit der linken Hand auf dem Rücken aus.
> Kannst du Unterschiede zwischen deiner rechten (männlichen) und deiner linken (weiblichen) Seite feststellen?
> Hast du den Raum um dich herum erfahren?
> Wo liegen die Grenzen zwischen dir und dem Raum?
>
> Setze dich danach mit gerader Wirbelsäule hin, sei es auf einen Stuhl (allerdings besser ohne Anlehnen), sei es in einer der vielen Sitzpositionen auf dem Boden; sitze mindestens zehn Minuten ganz still und horche in dich hinein.
> Spürst du Spannungen in deiner Wirbelsäule?
> Wenn ja, wo?
> Kannst du die Sprache deiner Wirbelsäule verstehen?

Die meisten Menschen in unserer Kultur weisen eine Spannung zwischen dem vierten und fünften Brustwirbel (auf der Höhe des Herz-Chakras) auf. Dies ist zumeist ein Hinweis darauf, daß diese Person sich selbst übermäßig egozentriert ausdrückt. Dieser Mensch ist nicht im Fluß, er vertraut nicht dem Leben, daß es ihm alle Glücksmöglichkeiten bereitstellt, die er braucht. Eine solche Spannung des Herz-Chakras – oft ein ‹geschlossenes

Herz-Chakra› genannt – korrespondiert mit einem schmerzenden Reflexzonenpunkt auf der Fußsohle etwa zwei Finger breit vom höchsten Punkt des Spannes nach vorne entfernt.

Finde diesen Punkt selbst heraus!

Selbst wenn dein Herz-Chakra geöffnet ist, wirst du ihn deutlich spüren.

Er ist druckempfindlicher als seine Umgebung.

(Schaue erst hinterher auf Abbildung 3 am Ende dieses Kapitels!)

Diese häufige Verspannung am Herz-Chakra, manchmal auch als leichte Verkrümmung der Wirbelsäule tastbar, muß sowohl auf feinstofflicher Ebene als auch somatisch zugleich angegangen werden.

Falls diese Verspannung einzig somatisch durch Reflexzonenmassage, Rückenmassage, Yoga-Übungen (z. B. Rückenabrollen Wirbel für Wirbel) angegangen wird, dann würde sie leicht an eine andere Stelle des Körpers wandern (Verschiebung), wo sie oft viel schwieriger zu behandeln ist.

Willst du mit deinem Willen deine Wirbelsäule an diesem oder welchem Punkt auch immer begradigen, dann ziehst du leicht noch mehr Unheil auf dich, denn zu den ohnehin angespannten Muskeln spannst du noch zusätzlich die Antagonisten[4] an, wodurch die betroffenen Wirbel unnatürlich aufeinandergepreßt und besonders ihre Ränder in Mitleidenschaft gezogen werden.

Was tun?

Jedes rein physische Bemühen verschiebt oder vergrößert die Spannung, was heißt, daß dein Ego-Trip sich neue, sicherere Äußerungsformen sucht. Hier liegt die Lernaufgabe, eine solche Verspannung als Kommunikation deines Körpers mit dir zu sehen.

Spanne die entsprechende Stelle durch die Übungen zum Herz-Chakra Anahata an, lege dich hin, spüre dein Herz und atme tief und gleichmäßig in diese Stelle. Achte auf die hochsteigenden Emotionen, sie zeigen dir – vielleicht nicht gleich beim erstenmal (übe Geduld!) –, wo der tiefere Grund liegt. Gehe den aufsteigenden Gefühlen nach, verstärke sie vorsichtig. Bleib bei deinen Gefühlen, Wegschwimmen ist in diesem Falle Abwehr.

Erleide diese hochsteigenden Gefühle und denke erst später über sie nach.

Wenn du nach ein bis zwei Monaten, die du regelmäßig zumindest für zehn Minuten täglich an dieser Stelle gearbeitet hast, keine Veränderung bemerkst, dann höre erst einmal mit dem Yoga auf.

Die ersten Veränderungen sind meistens durch eine Bewegung des Schmerzes spürbar, d.h. der Schmerz verändert seine Lage und Position, er ist einmal stärker, ein andermal schwächer während der Übungen und besonders bei den Anspannungen zu spüren. Dort, wo der Schmerz beweglich geworden ist, löst er sich bald auf.

Bleibt der Schmerz (die Verspannung) in Qualität, Stärke und Lage konstant trotz aller Übungen, dann versuche es mit Bioenergetik oder Rebirthing, die beide von ihren Energiekonzepten (Orgon-Energie/Prana) dem Yoga sehr nahestehen. Hierbei wird es dann erfahrungsgemäß zu Entladungen kommen, die sowohl die betreffende Körperstelle erzittern lassen als auch Schmerz, Wut und Trauer, oder was auch immer dort zurückgehalten wurde, freisetzen.

Handelt es sich nur um eine temporäre Spannung, dann magst du sie mit der Bhastra-Atemtechnik im Yoga (verbundenes Atmen, bei dem keine Pause zwischen dem Ein- und Ausatmen und dem Aus- und Einatmen gemacht wird. Atme tief in deinem eigenen Rhythmus) wegatmen, indem du die mit dieser Spannung verbundenen Gefühle durch diese Art der Atmung freisetzt. Du brauchst diese Freisetzung der Gefühle nicht als Ziel zu haben, es geschieht beim verbundenen Atem von allein, was zu geschehen hat. Vertraue!

Welche geistige Einstellung und Konzepte hast du zu korrigieren?

Bedenke auch immer, daß Yoga und Meditation auch eine sehr dramatische Seite haben, wenn die ‹dunklen› Gefühle mit harten Widerständen aufsteigen.

Solch eine Spannung, wie ich sie hier beispielhaft beschrieben habe, zeigt deutlich, daß der holographische Aspekt des Körpers auch nach einer Therapie gleicher Qualität verlangt.

Alle diese körperlichen Spannungen gründen entweder auf

Unterenergetisierung (zuviel Yin) oder auf Überenergetisierung (zuviel Yang) und sind ein beredter Ausdruck des Yin-Yang-Ungleichgewichtes im gesamten Lebensstil. Schau dir dazu in deinem Horoskop das siebte Haus und die Besetzung des Zeichens Waage an.

Bei kleineren Verspannungen, die temporär hier und dort auftreten, benutze ich die Reflexzonenmassage zur Unterstützung der Chakren-Arbeit. Ich gebe hier kurz in Abbildung 3 die Entsprechung zwischen den einzelnen Chakren und den dazugehörigen Reflexpunkten an. Um die Chakren zu erreichen, ist es notwendig, mit relativ hohem Druck zu massieren. Ich benutze dazu meinen Daumen.

Zum Schluß dieses Abschnitts würde ich dir empfehlen, auf die Tarot-Karte XVI Der Turm zu meditieren. Dort findest du das archetypische Symbol der Gefahren der Eindimensionalität und der Entfremdung.

Abbildung 3
Die Chakren und ihre entsprechenden Reflexpunkte am Fuß

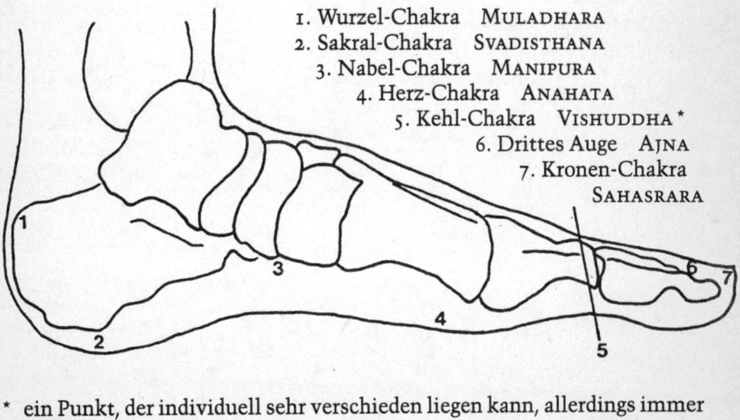

1. Wurzel-Chakra Muladhara
2. Sakral-Chakra Svadisthana
3. Nabel-Chakra Manipura
4. Herz-Chakra Anahata
5. Kehl-Chakra Vishuddha *
6. Drittes Auge Ajna
7. Kronen-Chakra Sahasrara

* ein Punkt, der individuell sehr verschieden liegen kann, allerdings immer auf der eingezeichneten Höhe am Fuß (ob er jedoch oben, unten oder seitlich liegt, ist sehr individuell)

Anmerkungen

1 LEARY, Thimothy: Spiel des Lebens, Basel 1984, S. 24f.
2 In diesem Text hier benutze ich die Begriffe ‹Hologramm› und ‹Ganzheit›, ‹ganzheitlich› und ‹holographisch› als Synonyme (dies hat einzig stilmäßige Gründe). Wenn von Holistik oder Ganzheitlichkeit die Rede ist, dann ist immer damit auch ein geschlossenes System bezeichnet, denn hierbei wird von geschlossenen Systemen der Ganzheit ausgegangen. Holographie dagegen bezeichnet ein offenes System mit dem Anspruch, Ganzheiten zu erklären.
3 Diese Praxis spiegelt allerdings auch den üblichen Einweihungsweg eines HATHA-Yogi in Indien und Tibet (Nepal) wider. Jedoch ist der Yoga und die Chakren-Arbeit als Einweihungsweg nicht im entferntesten mit der im Westen üblichen Art, mit den Chakren zu arbeiten, vergleichbar. Vergiß nie die riesigen kulturellen Unterschiede zwischen Asien und Europa!
4 Antagonisten: Die Gegenspieler zu diesen Muskeln.

Die Chakrenvorstellungen in den verschiedenen Kulturen

Im Grunde gibt es die Vorstellung von Chakren als Energiezentren im Körper in allen Kulturen. Schauen wir uns christliche Heiligendarstellungen an, so fällt uns dort der Heiligenschein, filigran, oft golden gemalt, als Symbol der Aura einer Person auf, die sich nach oben zum Himmel geöffnet hat – die also mit dem obersten Chakra – dem tausendblättrigen Lotos – zu arbeiten vermag.

Was ist die Tonsur der Mönche anderes als ein Hinweis auf die Arbeit mit dem höchsten Chakra und positiven Pol des Körpers? Sind Spiral- und Schlangendarstellungen wie bei den keltischen Steinmeißelungen in Irland und der Bretagne, Steingravuren aus Malta, Skandinavien und der Iberischen Halbinsel vielleicht ein Hinweis auf ähnliche Konzepte, wie sie der Schlangenkraft (KUNDALINI) zugrunde liegen?

Geht es hier um den Ausdruck des Wissens um pulsierende Lebensenergie in der Natur wie im menschlichen Körper?

Wie steht es mit dem Symbol der Schlange beim Sündenfall?

Es geht die Sage, daß die Merowinger Könige, die etwa zur Zeit von König Artus in die Geschichte traten und zwischen dem fünften und siebten Jahrhundert ein großes Gebiet des heutigen Frankreichs und Deutschlands beherrschten, große Meister im Umgang mit ihren Chakren waren, ja, sie werden teilweise gar als Yogis bezeichnet. Die Schädel dieser merowingischen Monarchen, die von ihren Zeitgenossen als Zauberkönige bezeichnet wurden, weisen ein künstlich gebohrtes Loch am Kronen-Chakra SAHASRARA (dem tausendblättrigen Lotos) auf – genau wie die gefundenen Schädel früher tibetischer Mönche.[1]

Laut Urkunden und Sagen besaßen diese merowingischen Könige, zu denen die verschiedenen Pipins gehörten, große Heilkräfte. Sie sollen ferner Seher gewesen sein und telepathische Kräfte besessen haben.

Wer weiß, was hier Dichtung und was hier Wahrheit ist?

Aber immerhin gibt es die Schädelfunde dieser Monarchen, die eindeutig alle ein Geistloch aufweisen.

Bei den Ägyptern gibt es aus der Zeit des Baus der großen Pyramiden ähnliche Funde, die jedoch in der heutigen westlichen Forschung zumeist als ‹medizinische Eingriffe› gedeutet werden.

Insgesamt hat es wohl in den verschiedensten Kulturen ein Wissen um die Kraftzentren im Körper gegeben, und hier hat auch das Kronen-Chakra SAHASRARA eine herausragende Rolle gespielt, wovon auch die Tradition der Königskrone ein beredtes Zeugnis ablegt.

Bei den Christen und Sufis[2] spielt noch heute das Herz-Chakra eine wichtige Rolle; in der mittelalterlichen Literatur, zum Beispiel in Wolfram von Eschenbachs PARZIVAL und der Manessischen Liederhandschrift, gibt es ebenfalls Hinweise auf das Wissen um die Kraftzentren im Menschen.[3]

Wir finden leicht genügend Belege dafür, daß in allen Kulturen zumindest die Eingeweihten von den Kraftzentren im menschlichen Körper wußten und mit ihnen arbeiteten.

Wer sich genauer informieren möchte, der mag die Geschichte der Albigenser (= Katharer oder Tempelritter) und die der Alchemisten studieren.

Ein sehr schönes Buch, das diese Parallelität zwischen der asiatischen Auffassung von der Chakren-Arbeit, die der Albigenser und die der Alchemisten aufzeigt, ist «EL/ELLA» (ER/SIE) von Miguel SERRANO[4] – das Buch der magischen Liebe...

Heutzutage hat die Theosophie die Chakren-Lehre seit LEADBEATERS Klassiker[5] in ihre Lehre aufgenommen, und auch die aus ihr hervorgegangenen Anthroposophen haben eine mehr oder weniger vollständige Chakren-Lehre entwickelt[6].

Madame Blavatsky warnte jedoch zu Recht davor, die Chakren-Arbeit dazu zu benutzen, um – wie sie es nannte – «mesmerische Phänomene» mit ihr zu erzeugen. Sie meint damit wohl einen Magnetismus, eine Anziehung, die leicht zur egozentrierten Magie verführt. Alexandra DAVID-NEEL[7] gibt einen anschaulichen wie gruseligen Bericht über die Ausnutzung dieses Wissens in den uralten BÖN-Praktiken zur Zeit der Jahrhundertwende in Tibet, der den schwarzmagischen Umgang mit den Kräften der Chakren-Arbeit deutlichst zeigt.

Auch das Verhältnis der Anthroposophen zur Chakren-Arbeit ist sehr gespalten. Mit einer gewissen Prüderie wird vor der Arbeit an den unteren Chakren – dies ist in diesem Falle wohl eher moralisch als topographisch gemeint – und besonders dem Sexual-Chakra SVADISTHANA gewarnt, und man konzentriert sich hier hauptsächlich auf die oberen Chakren. Das fördert sicherlich sehr den Idealismus!

Ich habe das Gefühl, daß bei einer solchen Einstellung dem menschlichen Körper gegenüber sich leicht eine neue, begrenzende Moral entwickeln kann, die die Angst vor der Vielfältigkeit des Lebens widerspiegelt. Für mich ist jeder Mensch auch ein sexuelles Wesen, und zumindest bei mir hängen sexueller und kreativer Ausdruck eng zusammen.

Ich sehe auch ein, daß in unserer Gesellschaft eine große Gefahr besteht, sich auf die Sexualität zu fixieren oder im Trend der neuen Zeit Sexualität vollständig abzulehnen. Um so wichtiger scheint es mir jedoch zu sein, mit dem Sexual-Chakra – oder besser: dem Sakral-Chakra – zu arbeiten, denn jede Arbeit mit den Chakren hat als Ziel, die dort gehemmten Energien wieder in die Harmonie zu bringen.

Nur ein sexuell erfüllter Mensch vermag positive Energien in unsere Welt zu senden. Die häufig in spirituellen und besonders tantrischen Büchern betonte Überwindung der Sexualität kommt entweder problemlos und von allein, oder sie stellt eine gefährliche Beschneidung der vitalen Lebensäußerungen des Menschen dar, die unweigerlich in die Pathologie führt[8].

Wenn im HATHA-YOGA und besonders in seiner tibetischen Form die sexuelle Abstinenz von Beginn an gefordert wird, so muß man sich klarmachen, daß dort unter dem absoluten Ausschluß der Außenwelten diese Form des Yoga praktiziert wird, und zum Beispiel die letzte Initiation in einer Einmauerung von drei Jahren, drei Monaten und drei Tagen besteht. Das was wir hier im Westen als Yoga und Chakren-Arbeit bezeichnen, hat herzlich wenig damit zu tun.

Auf der anderen Seite heißt HA THA auch Sonne und Mond: Die weiblichen und männlichen Energien treffen sich in der Vereinigung...

Nach soviel Text sollte wieder eine Übung kommen, sonst werden alle deine Energien vollständig im Kopf gebunden, und nun bringen wir sie wieder hinunter oder besser: wir gleichen sie aus:

Stelle dich aufrecht hin und spüre deutlich den Boden unter deinen Füßen. Bringe deine Füße etwas über schulterbreit auseinander und laß deine Arme entspannt hängen; fasse mit den Händen deine beiden Oberschenkel: rechte Hand an den rechten Oberschenkel, linke Hand an den linken Oberschenkel.
Jetzt suche dir in Augenhöhe einen Fixpunkt und schicke beim Einatmen dein Becken so weit wie möglich nach hinten, und beim Ausatmen bewege es energievoll nach vorne (in der Literatur über Körpertherapien wird eine solche Bewegung «Bekken aufstellen» und «Becken fallen lassen» genannt).

Führe diese Übung zur Erdung und männlichen Sexualität ein bis zwei Minuten lang aus und konzentriere dich dabei auf deine Widerstände, die du einfach an deinem Atmen und Schmerzen, Krachen und Ziehen, Gedanken über die Sinnlosigkeit dieser Übung (und alles mögliche andere) wahrnimmst.

Danach lege dich entspannt auf eine Decke auf den Boden (Rückenlage) und achte auf deine Gefühle und den Fluß der Energien in deinem Körper.

Wie stehst du zu deiner männlichen Seite?

Und nun als Gegenstück die weibliche Übung dazu. Da wir alle beiden Qualitäten in uns haben (Animus und Anima), solltest du auch immer beide Übungen machen.

Stelle dich wieder gerade hin, die Füße diesmal ein klein wenig näher zusammen (etwa schulterbreit auseinander) und beuge deine Knie ganz leicht, die Arme hängen entspannt an deinem Körper seitlich herunter wie zuvor.
Nun drehe dein Becken erst nach rechts, so daß es einen

perfekten Kreis parallel zum Boden beschreibt, und nach einer Weile des Beckenkreisens nach links.
Atme regelmäßig und achte darauf, daß Atem und Bewegung synchron verlaufen.
Achte auch hier wieder auf Widerstände, die sich häufig im Auseinanderfall von Atem- und Bewegungsrhythmus zeigen.
Mache diese Übung ein bis zwei Minuten lang und lege dich dann wieder auf deinen Rücken und entspanne.
Beim Einatmen nimm Energie auf und beim Ausatmen fühle, wie die Energie erst den Rücken hochsteigt und vorne – an der Vorderseite des Körpers – wieder hinunterfällt.

Spürst du nun Kraftzentren in deinem Körper?
Gibt es Punkte, an/in denen du den Energiefluß deutlicher bemerkst?
Wie gehst du mit der weiblichen Seite deiner Sexualität um?[9]

Diese einfache Übung zeigt, daß es im Grunde ganz natürlich und einfach ist, Kraftzentren im Körper zu spüren. Dies braucht nicht unbedingt die Stelle genau zu sein, wo du meinst, daß deine Chakren liegen müssen – darüber gibt es eh große Streitigkeiten.
Mache dich von allen Konzepten frei, wo und was du spüren mußt!
Es soll übrigens 88000 Chakren geben – aber was heißt das denn?
Im Grunde besagt das doch nur, daß bei genügender Sensibilität jede Stelle im Körper als Kraftzentrum gesehen werden kann. – Das war übrigens auch eine These vom alten Sigmund Freud. Er drückte es etwa so aus: Ursprünglich war jede Stelle des Körpers eine erogene Zone.
Schöne Vorstellung, nicht wahr?!
Aber mit zunehmender Kultur schrumpften diese Stellen auf ein Minimum zusammen, und an dieser Entwicklung stehen wir jetzt.
Wenn ich hier über die Chakren schreibe, dann meine ich die sieben sogenannten Haupt-Chakren. Ich habe jedoch immer wie-

Abbildung 4
Die Lage des Neben-Chakras in der rechten Hand (Palmaransicht)

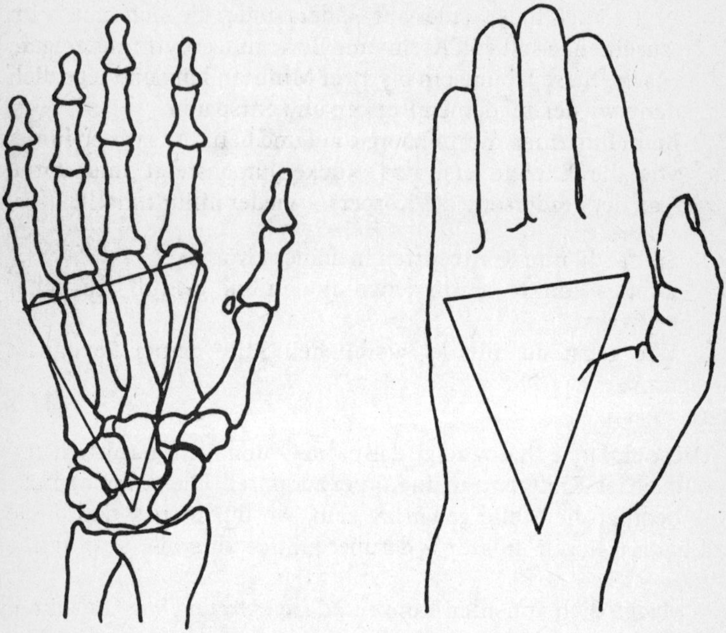

Knochen der rechten Hand

der gespürt, wenn ich diese sieben Haupt-Chakren aktiviere, daß ich dann meinen ganzen Körper sensibilisiere.

Die Innenseiten der Hände (siehe Abbildung 4), die Knie und die Fußgelenke sind auch noch wichtige Energiepunkte, sogenannte Neben-Chakren, auf die ich in diesem Buch nicht weiter eingehen werde. Du magst selbst mit ihnen experimentieren, spielen, sie ergründen. Das wird dir besonders leichtfallen, wenn du vorher mit den Haupt-Chakren gearbeitet hast.

Für Heiler sind besonders die beiden Neben-Chakren an den Handinnenflächen wesentlich. Mit diesen Chakren arbeiten hauptsächlich die Geistheiler auf den Philippinen.[10]

Kurz gesagt: Wer in seinem Körper ist, der spürt auf die eine oder andere Art, besonders in der Entspannung seine Kraftzentren, und von daher ist es verständlich, daß wir in allen Kulturen zumindest Chakra-artige Vorstellungen finden.

Ich selbst halte die Chakren, symbolisiert als Kraftwirbel im menschlichen Körper (und im Körper der Erde), für eine archetypische Vorstellung von pulsierender Lebensenergie.

Solche Energieflüsse und Kraftzentren kommen auch in Märchen, Legenden und Sagen vor.

Betrachte einmal die vielen Märchen, in denen Mühlen vorkommen – ich meine Wassermühlen mit einem Mühlrad.

In christlichen Zeiten wurde die heidnische Praxis der Arbeit mit den Kraftzentren oft verteufelt, wovon noch heute besonders im Schwarzwald Ortsnamen wie TEUFELSMÜHLE berichten. Immerhin hat der Teufel als gefallener Engel das Wissen der Eingeweihten um die Kraftströme und deren Zentren.

Eine der neuesten Thesen über die Chakren geht von der modernen Physik aus und denkt sie sich als «Prana-Speicher unterschiedlicher Kapazität», wobei PRANA als eine Art Ur-Energie angesehen wird. Prana ist diejenige Energie, die die Psyche an den Körper bindet.[18]

Dieses teilweise sehr mechanistische Modell geht davon aus, daß die Chakren (die Speicher) über um so mehr Prana-Energie verschiedener Verdichtungsstufe verfügen können, je offener sie sind. Diese zunehmenden Verdichtungsstufen der Ur-Energie sind vom Äther bis zur Erde den einzelnen Chakren als Elemente zugeordnet. Sahasrara und Ajna stellen derart geringe Verdichtungsstufen dar, daß ihnen keines der bekannten Elemente zugeordnet werden kann. In den beiden obersten Chakren sind Physisches und Psychisches am unabhängigsten voneinander, oder in der Sprache der Physik: dort besteht der geringste Grad der Koppelung.

Mit der Zuordnung zu den Elementen halte ich es für wichtig, auch die Entsprechung zu den einzelnen Naturreichen zu sehen: Mit dem Wurzel-Chakra und seiner Erdqualität können wir uns im Mineralreich wiedererkennen, mit dem Sakral-Chakra und seiner wäßrigen Qualität finden wir das Pflanzenreich in uns auf, mit dem Chakra der Körpermitte und seiner feurigen Quali-

Tabelle 1
Die Chakren und die ihnen zugeordneten Elemente

Kronen-Chakra	SAHASRARA				
		geringste Pranaverdichtung			Bewußtseinsfeld
3. Auge	AJNA				
Kehl-Chakra	VISHUDDHA	Äther (Akasha)			Kommunikationsfeld
Herz-Chakra	ANAHATA	Luft	🜁	YANG	Gefühlsfeld
Nabel-Chakra	MANIPURA	Feuer	🜂		Machtfeld
Sakral-Chakra	SVADISTHANA	Wasser	🜄	YIN	Begegnungsfeld
Wurzel-Chakra	MULADHARA	Erde	🜃		Aktivitätsfeld

tät können wir das Tierreich erleben und dessen ungezähmte Wildheit – die ja auch glücklicherweise noch in uns schlummert – und im Herz-Chakra werden wir unter dem Einfluß des Geistes (der Luft) zum menschlichen Wesen. Beachte, die menschliche Qualität kommt mit dem Herzen! Das Kehl-Chakra mit der Zuordnung des Elementes Äther (Äther ist der Urgrund, aus dem all die anderen Elemente sich entfalten) läßt uns die Ebene der Meister erahnen, die in den beiden folgenden Chakren verwirklicht werden kann.

Ich handle jetzt skizzenhaft in einer Art Schnelldurchgang weitere wichtige Bücher, Überlegungen und Ansätze zu den Chakren ab, um nicht zu lange mit grauer Wissenschaft zu langweilen. Von diesen relativ wenigen Büchern kannst du im

Grunde jegliche Information über die Chakren beziehen. Fast alle anderen Bücher über die Energiezentren im menschlichen Körper haben von den hier aufgeführten weitgehend abgeschrieben und übernommen.

Eines der schönsten Chakren-Bücher, das sich sowohl für die Einführung in dieses Thema von der alchemistischen Perspektive her eignet (Betonung der Elementezuordnung), kurz gefäßt ist als auch sehr übersichtlich gegliedert, schrieb Peter RENDEL.[11] Wer eine systematische Einführung liebt und an alchemistischen Konzepten interessiert ist, mag sich an diesem Büchlein erfreuen, das von der klassisch-hinduistischen Chakren-Theorie ausgeht.

Eine hervorragende Abhandlung über die Chakren aus asiatischer Sicht von den Urschriften ausgehend schrieb Arthur AVALON – ein an die Artus-Sage angelehntes Pseudonym des Engländers Sir John WOODROFFE, der selbst ein Schüler des LAYA-YOGA in Indien war und meines Erachtens als der beste Kenner des Chakren-Konzeptes in Indien angesehen werden kann. Dieser Klassiker, viel zitiert und wenig gelesen, trägt den Titel «Die Schlangenkraft».[12]

Arthur AVALON publizierte noch zwei weitere Bücher über dieses Thema[13], die genau so schwer lesbar sind wie «Die Schlangenkraft». Alle seine Bücher stecken voller Sanskrit-Begriffe, und eine der großen Leistungen Avalons besteht gerade darin, daß er jeglichen Sanskrit-Begriff aufs genaueste in westliche Konzepte zu übertragen versucht. Avalon kann als derjenige gelten, der als erster Westler den *Laya-Yoga* – diejenige Form des Yoga, die ihr Schwergewicht auf die Chakren-Arbeit legt – in all seiner Komplexität philologisch geradezu pingelig von den Urschriften ausgehend darstellt. Hier wird allerdings eine Form der Chakren-Arbeit beschrieben – teilweise mit komplexen Übungen –, die nur mit einem Lehrer durchgeführt werden kann. Wenn man Avalons «Die Schlangenkraft» studiert, fällt einem auf, daß er sehr viele Parallelen zwischen der Chakren-Arbeit und westlichen Selbstfindungswegen sieht. Nicht zuletzt deutet auch sein Name unmißverständlich auf keltische Selbstfindungswege hin. Avalon, das Paradies der Kelten, die Insel der Heilung für König Artus, das keltische Arkadien...

Ob man nun durch Chakren-Arbeit oder wie auch immer dahin kommt, ist letztendlich egal. Bei aller Sicht in den Osten sollten wir unsere eigenen Traditionen nicht vergessen, und dies scheint Arthur Avalon, der englische Intellektuelle, mit seinem Pseudonym andeuten zu wollen.

Ein sehr schönes Buch, ebenfalls von der hinduistischen Auffassung von den Chakren ausgehend, schrieb Harisch JOHARI[14]. In diesem Buch findet man außer altbekannten Analogien zu den Chakren zwar wenig informativen Text, dafür nähert es sich aber als einziges mir bekanntes Buch über die Chakren von der künstlerischen Seite den Kraftzentren an. Es ist ein Malbuch für Erwachsene, das auf einem Workshop 1975 bei Thorwald DETHLEFSEN entstand. Johari hält immer noch künstlerische Workshops, die in die Symbolik der Chakren einführen sollen, bei Dethlefsen in München ab. Leider ist jedoch Johari sehr konventionell ausgerichtet und hat noch nicht die Verbindung zwischen freier künstlerischer Arbeit und der Chakren-Erfahrung entdeckt. Ich habe die Erfahrung gemacht, daß auch gerade in der abstrakten Kunst (teilweise auf Goethes Farbtheorie zurückgehend) die Chakren-Erfahrung kraftvoll ausgedrückt werden kann.

1980 hielt ich mit einer Freundin zusammen einen Workshop über freies Gestalten in Süddeutschland ab, und dort meditierte jeder der Teilnehmer vor einer großen weißen Leinwand (1,50 m mal 1,50 m), und auf einen Gongschlag hin griff man den neben sich liegenden Pinsel, tauchte ihn in die Farbe ein und malte einen Strich, ohne abzusetzen, dann meditierte man wieder auf das Bild. Später haben wir dieses mit der Meditation auf die einzelnen Chakren verbunden und auch mit einer Meditation auf die entsprechenden Farben, die für jeden sehr individuell sein können. Auch ich merke bei mir, daß ich heute mein Kehl-Chakra knallrot sehe nach all dem Tippen, und in zurückgezogenen, ruhigen Zeiten empfinde ich es als blau.

Die Formen und Farben, die in freier gestalterischer Chakren-Meditation benutzt werden, sind ein derart dynamischer Ausdruck für die im entsprechenden Chakra gebundenen Energien, daß ich als Westler diese Bilder den konventionellen hinduistischen Chakren-Darstellungen vorziehe.

Dennoch habe ich beim Ausmalen der Schwarzweißdrucke am Ende von Joharis Buch viel über die hinduistischen Chakren-Konzepte gelernt und – vielleicht das Wichtigste – es hat mir Spaß gemacht (wenn ich auch hinterher zu Aquarellblock und Pinsel gegriffen habe und ‹undiszipliniert›, wild drauflos gemalt habe – immerhin hat mich dieses Buch zum Malen angeregt).

Eine Mischung von Bhagwan-Ideen – der sich auf seine Art viel mit Tantra beschäftigt hat – und den Ideen der Arica-Gruppe – mit der zum Beispiel auch die Lillys und Claudio NARANJO zusammenhingen – bietet lässig geschrieben Anand MARGO.[15] Sehr gelungen ist an diesem Buch die dargestellte Verbindung von Chakren-Arbeit mit den Methoden der humanistischen Psychologie von Rebirthing bis zu den Isolationstank-Erfahrungen. Wie schon gesagt halte ich eine Kombination von Chakren-Arbeit (und Yoga allgemein) und humanistischer Psychologie für eine geeignete Annäherung des Westlers an den asiatischen Umgang mit den Kraftzentren.

Aus der theosophischen Sicht eines Sehers schrieb C. W. LEADBEATER sein schon vorhin zitiertes Buch «Die Chakras».[16]

Leadbeater hat eng mit Frau Dr. A. Besant zusammengearbeitet, die wiederum die Mitarbeiterin von Madame Blavatsky war und sich liebend gerne mit Rudolf Steiner über Asien und das esoterische Christentum stritt. Leadbeater sieht in Abweichung zu den Urschriften des Laya-Yoga im unteren Teil des menschlichen Körpers das Wurzel-, Milz- und Nabel-Chakra. Das Sakral- oder Sexual-Chakra sieht er nicht. Es geht wohl bei ihm im Wurzel-Chakra mit auf. Liegt diese Sicht wohl an seiner Erziehung im viktorianischen England?

Das Buch hat viele Abbildungen und Diagramme und zeigt die Chakren als farbige Kraftwirbel, wie er sie gesehen hat. Es ist jedoch erstaunlich, daß Leadbeater und der Bochumer Seher Franz WENZEL[17] die Chakren in ihrer Lage und Farbe genau gleich sehen. Normalerweise ist die Farbwahrnehmung zum Beispiel bei Auren bei verschiedenen Medien verschieden, und jedes Medium hat – abhängig von der eigenen Aura – einen quasi individuellen Farbcode. Vielleicht mag diese Übereinstimmung daran liegen, daß beide von der Theosophie her kommen, und was man glaubt, prägt ja bekanntlich auch die Wahrnehmung.

Die Farbzuordnung der Chakren bzw. die Farbausstrahlung der einzelnen Chakren ist natürlich nicht konstant. Eine sinnvolle Farbzuordnung kann im Grunde nur nach logischen und Schwingungsgesichtspunkten die Farben unseres Spektrums den einzelnen Chakren zuordnen (vgl. dazu die aufgeführte Farbzuordnung in Tabelle 2).

Ein völlig anderes, aber nicht weniger inspirierendes Chakren-Buch für den modernen Westler stellt von Inhoffens[18] Yoga-Buch dar. Der Autor ist Patentingenieur und Elektroniker, der vom modernen physikalischen Weltbild ausgehend die Chakren-Arbeit (besonders die tibetische Form) betrachtet hat und mit anschaulichen Vergleichen aus der Technik die Prana-Energie, die Chakren und Nadis wie das Heben der Kundalini kenntnisreich beschreibt.

Seine Ausflüge in die wissenschaftliche PSI-Forschung fand ich unterhaltsam auf der Ebene der Yoga-Anekdoten. Mir fällt einfach die Vorstellung schwer, daß mit den Ufo-Phänomenen unsterbliche Yoga-Meister verbunden sein sollen. Die Strahlung des Ufos soll dabei die Energie der Chakren ihrer Piloten darstellen.

Eines der schönsten Tantra-Bücher, die mich gelehrt haben mit den Affirmationen umzugehen, hat Marcus Allen[19] geschrieben. «Liebe öffnet Herz und Sinne», und wie das bei dir geschehen kann, davon handelt dieses Buch. Auf der einen Seite stellt es kurz und prägnant die Geschichte und Philosophie des Tantra dar, auf der anderen Seite steckt es voller Anregungen zu Übungen.

Und zu guter Letzt möchte ich noch das umfangreiche Werk «Tantra Vidya»[20] erwähnen: Tantra Vidya bedeutet im hinduistischen Sinn die Wissenschaft von dem Gewebe der Schöpfung, und somit kann dieses Werk mit seinen ausgezeichneten historischen und astrologischen Studien als wesentlicher Baustein zu einer holographischen Sicht des Tantra und der Chakren angesehen werden. Besonders für diejenigen, die an der Astrologie interessiert sind, bietet das Buch von Oscar Marcel Hinze eine Fülle von Anregungen, Hinweisen und Diagrammen.

Oft habe ich mich gefragt, warum schreibt zum Beispiel ein Mann wie A. Avalon (Sir John Woodroffe) ein detailliertes Buch über die Erweckung der Kundalini, wenn dies nur unter der fachgerechten verantwortlichen Anleitung eines Guru, geschehen sollte?

Wird hier nicht Avalons Buch über die Schlangenkraft gurugleich?

Kann man die Kundalini nach dem Studium dieses Buch gefahrlos heben?

Sicher nicht.

Ist es überhaupt verantwortlich, Bücher über derart gefahrvolle spirituelle Wege zu publizieren?

Bücher dieses Inhaltes richten sich wohl hauptsächlich an den inneren Guru, zu dem jedoch der Kontakt erst einmal herzustellen ist. Diesem inneren Guru kommt dann die Aufgabe zu, darüber zu wachen, daß kein übereilter Schritt vollzogen wird. Daß dies oft leider doch geschieht, davon berichten die Rundschreiben des SPIRITUAL EMERGENCY NETWORK (= SEN) aus Esalen in Big Sur / Cal. SEN ist eine Gruppe von transpersonal arbeitenden Psychologen und Ärzten, die Leuten mit ‹spirituellen Unfällen› helfen.

Das mag erst einmal zur Information genügen, und besonders in Avalons «Die Schlangenkraft» findest du eine ausführliche Bibliographie, und falls du sehr an der indischen Sicht der Chakren interessiert bist, dann bietet BAGCHIS Buch «Studies in the Tantras»[21] hervorragende Literaturhinweise.

Von den tibetischen Schriften zum Chakra-Yoga sei nur die zugänglichste Quelle genannt: Anagarika GOVINDAS Buch über tibetischen Yoga.[22] Einen Ausschnitt der CHÖD-Lehren ins Deutsche übertragen findet man in dem obenzitierten Yoga-Buch von v. INHOFFEN.

Die tibetischen Schriften sind äußerst schwer zugänglich, wahrscheinlich aus gutem Grunde, denn hier werden erstaunlich machtvolle Lehren metaphorisch im Detail beschrieben. Es sind Lehren, die den Menschen befähigen, jegliche Handlung und jede Situation im Leben im Fortschreiten auf dem Weg der Erlösung umzugestalten – wenn sie zum Wohle aller lebenden Wesen angewandt werden.

Anmerkungen

1 Vgl. dazu genauer: BAIGENT, M; LEIGH, R.; LINCOLN, H.: The Holy Blood and the Holy Grail, London 1983, S. 274f.

2 Die Sufis haben eine genaue Entsprechung zu den buddhistischen und hinduistischen Vorstellungen von den Chakren, die sie als «inneren Himmel» der Welt der Mystiker beschreiben. Vgl. dazu genauer: CORBIN, Henri: The Man of Light in Iranian Sufism, Boulder, London 1978, bes. S. 83f., und zur christlichen Herzmeditation ist das folgende ausgezeichnete Buch sehr zu empfehlen: SCHARF, Siegfried: Das große Buch der Herzmeditation, Freiburg/Br. 1979

3 Vgl. dazu genauer: UNGERN-STERNBERG, Olga von: Die Sternenschrift im Gralsgeschehen, Kinsau/Lech 1984

4 SERRANO, M.: EL/ELLA, Basel 1982

5 Die Chakras, Freiburg ^{4}1983

6 Vgl. z. B. STEINER, Rudolf: Wie erlangt man Erkenntnis der höheren Welten? Stuttgart 1961

7 DAVID-NEEL, A.: Liebeszauber und schwarze Magie, Basel 1983

8 Ein sehr einfühlsames Buch in diesen Problemkreis schrieb Elisabeth HAICH: «Sexuelle Kraft und Yoga», Engelberg, München 1971. Sie geht auf S. 54ff. auch auf die Chakren ein.

9 Diese Übung findest du auch noch einmal mit einer kleinen Abwandlung bei den Übungen zum Svadisthana-Chakra beschrieben.

10 MEEK, George W.: Heiler und der Heilprozeß, München 1980

11 Einführung in die Chakras, Basel 1983

12 Weilheim 1961

13 The Tantra of the Great Liberation, New York 1972 und Shakti and Shakta, New York 1971

14 Das große Chakra-Buch, Freiburg 1979

15 Tantra. Weg der Ekstase, Meinhard 1983

16 Freiburg/Br. 1983 (^{5}1984)

17 WEIGEL, Giesela; WENZEL, Franz: Die entschleierte Aura, Forstinning 1983, bes. S. 110f., Abb. 12 und 13

18 INHOFFEN, H. v.: Yoga – Wissen der Vergangenheit, Wissenschaft der Zukunft, München 1983

19 Tantra im Westen, Laufenburg 1982

20 HINZE, Oscar Marcel: Tantra Vidya, Freiburg/Br. 1983

21 Studies in the Tantras, Calcutta 1939 – es ist ein Phänomen, daß in den dreißiger Jahren erstaunlich viele Tantra- und Chakra-Bücher gerade in Indien ediert wurden – meist in englischer Sprache.

22 Tibetan Yoga and Secret Doctrines, London 1935

23 INHOFFEN, v., a. a. O., S. 258–267

Meine Sicht der Chakren

«So liegt in den Worten und Taten der Vergangenheit ein Schatz verborgen, der zur Festigung und Steigerung des eigenen Charakters verwendet werden kann. Das ist die rechte Art des Studiums, sich nicht auf historisches Wissen zu beschränken, sondern das Historische durch Anwendung immer wieder gegenwärtig zu machen.»

I Ging – Buch der Wandlungen

Zuerst habe ich dieses Kapitel «Mein Chakren-Modell» genannt, aber Modelle geben ja einzig den Schein der Weisen wieder, der Stein der Weisen liegt in der Überwindung der Modelle.

Ich möchte das am astrologischen Prinzip des Merkur klarmachen, was ich hiermit genau meine. Der Merkur symbolisiert unter anderem die Schnelligkeit unseres Intellektes. Merkur ist bei den Römern – wie Hermes bei den Griechen – kein Gott, er ist der Götterbote. Merkur als Prinzip des Intellektuellen ordnet, systematisiert, baut Modelle, die für die Kommunikation zwischen Menschen und Göttern wichtig sind, aber er ist selbst keine Urkraft, kein Gott, er ist nicht das Wesentliche.

Wenn wir mit den Urkräften, den Göttern, wie in der Chakren-Arbeit Kontakt bekommen wollen, dann können uns zwar Modelle mit ihrer merkurischen Qualität den Weg zeigen, aber – und dieses ‹aber› ist sehr wesentlich – jene Modelle sind nicht das, worum es eigentlich geht. Modelle sind quasi wie ein Werkzeug, mit dem man sich sinnvollerweise hilft, aber das man auch weglegt, wenn man das Ziel erreicht hat.

Genauso verhält es sich mit der folgenden Darstellung der Chakren: Sie kann helfen, zu der Erfahrung der Energiezentren des Körpers zu kommen; sie ist aber nicht mehr und nicht weniger als ein Werkzeug, und ich hoffe, daß sie ein brauchbares Werkzeug ist, das zum Wohle der Benutzer wirkt.

Das war also die Vorwarnung, nicht im Intellektuellen stekken zu bleiben.

Wer Bücher über die Chakren gelesen hat, dem spukt – wie mir – immer die Idee im Kopf herum, da unten, in den Tiefen des Wurzel-Chakras (MULADHARA) schlummert, die Schlange genannt, KUNDALINI, die mit bestimmten Übungen nach jahrelangen Reinigungsritualen ausgerollt und zum Aufsteigen gebracht werden kann.

So nimmt man für gewöhnlich an, daß nach zwanzig Jahren regelmäßiger HATHA-Yoga-Praxis zum RAJA-Yoga übergegangen werden kann, der eine Form des Kundalini-Yoga (Chakren-Arbeit) darstellt. Solche Ideen sind in bestimmten Konzepten der Kundalini begründet, die mir als Westler zu fern stehen. Wer hat heute auch noch so viel Zeit wie in einer Epoche, als solche Ansichten in Asien aufkamen?

Es gibt auch das Bild eines schönen Mädchens, welches dein Muladhara-Chakra bewohnt und das nach bestimmten Übungen deine Wirbelsäule hochklettert. Weniger romantisch ist auch die Kundalini schon mit einem psychischen Generator verglichen worden, der dauernd Strahlungen an das psychische Nervensystem (die sogenannten NADIS) abgibt.

Das sind alles sehr materialistische Vorstellungen: eine Schlange steigt hoch, ein winziges Mädchen klettert deine Wirbelsäule hinauf – natürlich alles metaphorische Beschreibungen von energetischen Vorgängen, für die wir im Grunde keine exakte Sprache haben. Es handelt sich hierbei um die Erfahrung von Energiebewegungen.

Ob nun die Kundalini wirklich steigt oder nicht, ist mir hier völlig egal, und auch die Dispute, wie nun die Kundalini richtig zu steigen hat, halte ich für irreführend.

Ich halte alle diese Konzepte für viel zu sehr am materialistisch – physiologischen Denken ausgerichtet, wenn ich auch meine und spüre, daß bei der Chakren-Arbeit auch physiologische Vorgänge ablaufen.

Aber erst einmal halte ich es für müßig, darüber zu sprechen, wie man nun die Kundalini – was immer sich auch hinter ihr versteckt – steigen lassen kann, und zweitens will ich auch keinen Instant-Kurs zur Erleuchtung mit diesem Buch geben.

Verstehen wir doch einfach die Kundalini-Energie als Schöpfungskraft des Universums, die in jedem von uns vorhanden ist. Die physiologische energetische Seite ist eine Seite der Chakren-Arbeit, aber auch nur wirklich eine unter vielen. Vom meist materialistisch denkenden Westler ist gerade diese Seite derart betont worden, ja überbetont worden, da einmal dieses Konzept am akzeptabelsten erschien (bietet wenig Differenzqualitätsunterschiede zur westlichen Auffassung) und zum anderen die Geschichte über das Aufsteigen der Kundalini zu wildesten Spekulationen Anlaß geben konnte. Menschen sind innerlich verbrannt von der Hitze, die die falsch aufsteigende Kundalini erzeugte – wie abenteuerlich und wild diese Vorstellung ist für den am Schreibtisch hockenden Westler und Städtebewohner, der vor Langeweile stirbt.

Klar, so was bietet dann die erregenden Schlagzeilen für die spirituelle Szene, mischt in altbewährter Weise Horror mit Abenteurertum.

Vorweg gesagt, es ist höchst unwahrscheinlich, daß die Kundalini bei dir aufsteigen wird – zumindest nicht entsprechend der eben ironisierten Konzepte.

Und ehrlich gesagt, machen nicht diese Schlangengeschichten dir Angst? Aber Angst ist der größte Feind der Selbsterkenntnis und somit der Chakren-Arbeit. Oder anders herum gesagt: Wo die Angst ist, geht's lang…

Vertraue auf deinen Körper, er wird dir schon in den Übungen sagen, wo es angemessen ist, vorsichtig zu sein, langsamer zu machen oder auch mal auszusetzen.

Das, wovor wir uns am meisten fürchten, ziehen wir auch energetisch an. Deswegen: Angst haben ist falsch!

Dies ist allerdings nur die eine Seite der Münze, denn Angst zu haben, empfinden zu können, ist auch wiederum wichtig. Die Begegnung mit der Angst läßt uns auch tief in uns blicken, und in der Konfrontation mit der Angst können wir auch vieles lernen: Eben zum Beispiel, daß wir nicht alles beherrschen können.

Meine Auffassung von den sieben Chakren ist, daß sie sieben aufeinander aufbauende Arten, im Leben zu stehen, wiedergeben. Dies entspricht dem Entwicklungsweg des Tarot oder der Entwicklung der astrologischen Zeichen – oder besser: Prinzipien – vom Widder bis zu den Fischen.

Jedes der sieben Chakren hängt für mich mit einer bestimmten Lebenserfahrung, mit bestimmten Lernaufgaben und Chancen zusammen. Die Arbeit mit den Chakren für den Westler ist für mich ein konkreter Selbstfindungsweg, der mit unserer alltäglichen Wirklichkeit zusammenhängt.

Um dir den Einstieg in diese Auffassung zu erleichtern, möchte ich erst einmal eine Tabelle (Seite 60 bis 63) aufführen, die die Analogien zu anderen, vielleicht dir geläufigeren Symbolsystemen aufzeigt. Diese Analogien mögen nicht immer vollständig aufgehen, aber ich glaube schon, daß es sich hier um die gleiche Essenz handelt.

In dieser Tabelle 2 finden wir nun gleich alle Analogien zusammengefaßt, auf die wir bei der Besprechung der einzelnen Chakren noch genauer eingehen werden.

Ich möchte zunächst einmal kurz auf die Tarot-Spalte eingehen, da sie am deutlichsten meine These von den Chakren als eine Art, im Leben zu stehen, aufzeigt.

Die 21 Karten der großen Arkana habe ich in drei Gruppen je den sieben Chakren zugeordnet, so daß jedes Chakra von drei Karten symbolisiert wird. Dort haben wir in der ersten Spalte den Weg der Tat, im Tantrismus durch den Weg des männlichen Samens symbolisiert. Das ist der Yang-Weg. Dieser Weg der Tat vom Magier bis zur Sonne symbolisiert den männlich-aktiven Umgang mit den sieben Energien der Chakren.

Wir beginnen mit der Chakren-Arbeit unten mit dem Wurzel- oder MULADHARA-Chakra, und dort begegnen wir dem Magier, dem Archetypus des in die Welt tretenden Mannes, der die Natur- und sozialen Gesetzmäßigkeiten zu verstehen versucht und aufgrund dieses Verstehens handelt. Dies ist die materielle Lebensbewältigung, man könnte auch sagen, die Manipulation der Umwelt. Der Magier schafft sich seinen Lebensraum, und in diesem Sinne ist jeder von uns ein mehr oder weniger erfolgreicher

Tabelle 2

«Was ich schon immer über Chakren wissen wollte»

Chakra	**Mantra**	**Element**	**Körperteile**	**Endkr. Drüse**
SAHASRARA Kronen-	Aum	(Licht)	oberes Hirn, Auge rechts	Epiphyse
AJNA 3. Auge	Aum	(Geist)	unteres Hirn, li. Auge, Nase Ohren	Hypophyse
VISHUD- DHA Kehl-	Hang	Akasha = Äther	**Mund**	Schilddr.
ANAHATA Herz-	Yang	Luft	**Penis,** Herz, Kreislauf, Lunge	Thymusdr.
MANIPURA Nabel-	Rang	Feuer	**Anus,** Magen, Leber, Galle	Pancreas
SVADIS- THANA Sakral-	Vang	Wasser	**Hände,** Muskeln	Keimdrüsen
MULA- DHARA Wurzel-	Lang[1]	Erde	**Füße,** Wirbel- säule, Nägel, Zähne	Nebenniere

Temperament	Lernaufgabe	Therap. Effekt	Atmung	
Meister	Verbindung höheres & niederes Selbst[3]	Hirnzerfall im Alter		SAHASRARA
erleuchtet	Intuition, Überkommen d. Nihilismus	Spannungen, Sorgen. Angst, Alpträume, Störung d. endokr. Drüsen	Pause nach Einatmen	AJNA
geistig erwacht	reine Kommunikation, Verbindung Fühlen & Denken, Abbau von Hast	Funktionsstörung der Schilddrüse, Depression, Sprachstörung	Pause nach Einatmen	VISHUDDHA
melanch.	Dienen, Überwindung von Distanz, Haß, Unruhe	Angina Pectoris, Kreislaufstörung	verbundenes Atmen	ANAHATA
sanguin.	Wünsche, Verlangen & Macht, Ehrgeiz zu beherrschen	Verdauung, Zucker, Krebs, Anankasmus, Keuchhusten	verbundenes Atmen	MANIPURA
choler.	Hingabe, Einlassen, Ausscheiden, was nicht verdaut werden kann	Störungen im Flüssigkeitshaushalt (Urogenitalbereich, Ödeme, Arthritis, Fettsucht)	Pause nach Ausatmen	SVADISTHANA
phlegmat.	Loslassen, Erdung, Überwindung von Freudlosigk.	Beruhigung ZNS, Abbau der Verspannungen der Wirbelsäule, Sexualstörungen	Pause nach Ausatmen	MULADHARA

			TAROT	
Sinne	**Farbe**	**Astrologie**[5]	**Pingala**	**Sushumna**
	Purpur		Die Sonne	Das All
	Violett	Jungfrau — Fische	Der Turm	Der Mond
Hören	Blau	Zwilling — Schütze	Der Tod	Der Teufel
Tasten	Grün	Löwe — Wasser-mann	Das Glück	Der Gehängte
Gesicht	Gelb	Widder — Waage	Der Wagen	Der Eremit
Geschmack	Orange	Stier — Skorpion	Der Herrscher	Die Liebenden
Geruch	Rot	Krebs — Steinbock	Der Magier	Die Herrscherin
			TAT Asana	ERKENNT-NIS Meditation

TAROT Ida	POLUNG[2] Frau	Mann	Steine	Götter
Die Auferstehung	neutral		Diamant, Onyx	die Dualität Animus / Anima ist aufgehoben
Der Stern	+	-	Koralle, Zirkon	Param-Asiva, Hakini
Das Maß	-	+	Topas, Karneol	Ardana-Resvara, Sakini
Die Kraft	+	-	Rubin	Isa, Kakini
Die Gerechtigkeit	-	+	Jade, Saphir, Perlen, Hesamit	Maharudra, Lakini
Der Hohepriester	+	-	Smaragd	Vishnu, Rakini
Die Hohepriesterin	-	+	Smaragd	Brahma, Dakini
LIEBE Pranayama				

Magier. Auch jede Frau hat diesen Aspekt tief in sich, und falls er nicht befreit ist, so wartet er zumindest auf seine Befreiung.

Die nächste Stufe des männlichen Weges der Tat führt zum Herrscher, dem Sakral- oder SVADISTHANA-Chakra. Der Herrscher muß einen Sohn zeugen – das war das große Problem von König Artus –, also kreativ, verantwortungsbewußt handeln. Ohne dieses Handeln zerfällt der soziale Zusammenhang.

Von der materiellen Lebensbewältigung über die kreative soziale Tat führt der männliche Weg zum Wagen, zum MANIPURA-Chakra (Sonnengeflecht, Hara). Hier siegt das Männliche gegenüber den Widerständen – aber ist dieser Sieg wirklich ein Sieg?

Geht alles wirklich so zielgerichtet nach Plan?

Oft wird der Siegeswagen von zwei Sphinxen gezogen dargestellt, der weißen und der schwarzen Sphinx: Kannst du wirklich deine dunklen und hellen Kräfte im Gleichgewicht halten?

Wenn nicht, dann fällt der Triumphwagen um!

Du mußt Spannung und Entspannung in die Harmonie bringen, das sagt die japanische Lehre des Hara.

Und weiter führt der männliche Weg zum Glück oder besser zum Schicksal, dargestellt als das Rad des Lebens. Wir befinden uns hier auf der Entwicklungsstufe des Herz-Chakras, na ja, und dort gibt es Bewegung, es geht auf und ab, bis man die Bewegungsgesetze beherrscht, ihnen keinen Widerstand mehr entgegenstellt und im Mittelpunkt, der Achse steht, aber das ist nicht vor dem Erreichen der Sonne oder des SAHASRARA-Chakras der Fall. Dazwischen muß erst noch die Stufe der Kommunikation, des VISHUDDHA- oder Kehl-Chakras erreicht werden. Dort wird die Verbindung von Fühlen und Denken gelernt. Ein schwieriger Schritt, der oft den Tod der alten Persönlichkeit bedeutet.

Hiernach muß noch die Ebene des Dritten Auges gemeistert werden, und dann herrscht die Einsicht vor, was soviel heißt wie: alle Systeme und Modelle werden fallengelassen. Danach endlich kann die Sonne in einem selber erlebt werden. Für diesen Zustand steht als Symbol das keltische Kreuz (Abb. 5), aus dem die Sonne leuchtet.

Das Kreuz symbolisiert den Körper und der Kreis die in dem Körper wiederentdeckte Sonne.

Das ist auch der Weg des esoterischen Christentums, wie es

Abbildung 5
Das keltische Kreuz

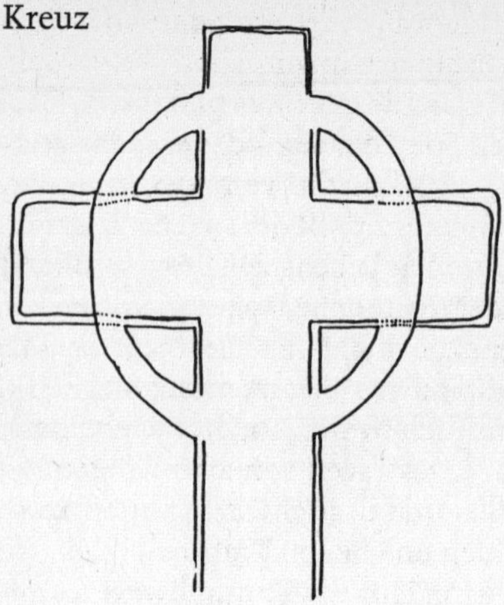

sich aus den keltischen Grundlagen entwickelte und von Iona und Lindisfarne über uns kam.

Dies war in aller Kürze der Weg durch die Chakren vom Aspekt der Tat her gesehen. Das ist der männliche, also der Yang-Weg. In der von uns oft physiologisch interpretierten Vorstellung des LAYA-Yoga spricht man hierbei vom PINGALA-Kanal.

Es besteht nämlich die Vorstellung von drei Kanälen, durch die die Kundalini möglichst gleichmäßig steigen sollte: PINGALA, der Weg der Tat, der für mich den Aspekt der Körperübungen (Asana) darstellt, IDA, der Weg der Liebe, der weibliche Weg, der für mich den Aspekt der Atemübungen (Pranayama) darstellt, die unsere Gefühle hochsteigen lassen, um sie letztendlich zu beruhigen, so daß Friede eintritt. Im Tantrismus wird dieser Weg der des Menstruationsblutes genannt. Der dritte und sogenannte Mittlere Weg ist der des Zentralkanals (Wirbelsäule), der SUSHUMNA genannt wird. Das ist der Weg der Erkenntnis – und ich glaube auch der des Leidens (aber darüber kannst du einmal nachsinnen) –, und der ist für mich mit dem Meditationsaspekt verbunden. Im Tantrismus ist dies der Weg der Vermählung (Maithuna).

Fassen wir also PINGALA, IDA und SUSHUMNA als die drei Aspekte Körperarbeit (Asana), Atemarbeit (Pranayama) und Meditation auf, dann läßt es sich leicht einsehen, daß die sogenannte Kundalini gleichmäßig steigen soll. Natürlich müssen alle drei Aspekte gleichzeitig und gleichmäßig entwickelt werden – aber darüber habe ich ja schon im Vorwort genug gesagt.

In dieser Idee vom gleichmäßigen Steigen der Energie liegt auch der Hinweis auf die ausgeglichene Entwicklung von Tat – männlicher Seite –, Liebe – weiblicher Seite – und Erkenntnis – der Zentralaspekt, um den es im Grunde immer geht. Ohne Liebe gibt es genausowenig eine Entwicklung wie ohne Handeln und ohne Erkenntnis. Und daß wir unsere männliche und weibliche Seite ob Mann oder Frau gleichmäßig entwickeln müssen, wissen wir spätestens seit Carl Gustav Jungs Studien zu Animus und Anima.

Ich skizziere jetzt noch kurz den Weg der Liebe durch die Chakren, den Ida-Aspekt, und über den Weg der Erkenntnis magst du dann selbst anhand dieser Tabelle meditieren.

Lege dir die Tarot-Karten nach dem angegebenen Schema aus und betrachte sie; schaue, welche Assoziationen und Vorstellungen, Gefühle und Gedanken bei dir hochsteigen.

Es gibt keine Entwicklung ohne Liebe. Ist dir das klar?

> Setze dich bequem hin und spüre dein Herz schlagen. Schließe deine Augen und meditiere auf folgende fünf Aspekte:
> Liebe
> Erbarmen
> Freude
> Gleichmut
> Loslösung im Sinne von Demut
>
> Danach magst du dir die Karten des Ida-Weges betrachten, und achte immer wieder dabei darauf, ob du dein Herz schlagen spürst.
>
> Spürst du jetzt dein Herz?

Auf der Ebene des Wurzel-Chakras MULADHARA steht dem männlichen Magier die weibliche Hohepriesterin entgegen. Beide ergänzen sich, denn was der Magier zu ergründen versucht, dieses Geheimnis wahrt sie. Der Schleier der Isis...

Die Hohepriesterin hütet das Mysterium in dir (wie das Mysterium der Welt), und wenn du dich nicht ehrfürchtig deinem Mysterium näherst, dann brauchst du gar nicht erst mit der Chakren-Arbeit zu beginnen. Allerdings bei liebevoller Haltung dir und den anderen gegenüber kannst du aus der mehr passiven Tendenz des Wurzel-Chakras unter dem Aspekt der Hohenpriesterin auf dem Weg der Liebe – symbolisiert durch den lindgrünen Mond – zur mehr aktiven Haltung des Hohepriesters gelangen. Beide, Hohepriesterin und Hohepriester, besitzen die Macht der Initiation, die von der Liebe getragen wird.

Liebst du dich selbst?

Kannst du andere zumindest zeitweise mehr als dich lieben?

Hier auf der Stufe des Sakral-Chakras stellt sich die Frage: Kannst du dich einlassen? – Ja, so allgemein möchte ich das als Meditationshinweis stehenlassen –

Kannst du dich hingeben?

Von hier gelangen wir zum Archetypus der Gerechtigkeit: Wie gehst du mit der Macht, deinem Ehrgeiz und deinem Willen um? Auf der Ebene des Nabel-Chakras MANIPURA sollte der Triumph nicht übertrieben werden.

Wie setzt du deine Wünsche und dein Verlangen um?

Verlierst du an Seelentiefe bei Erfolgen?

Hast du bis jetzt deine Lektionen des alltäglichen Lebens gelernt, dann fließt dir die Kraft des Herzens zu. Aleister CROWLEY nennt diesen Archetypus in seinem mit Frieda HARRIS entworfenen Tarot «Die Lust».

Kraft und Lust – Kraft oder Lust...

Tiefenpsychologisch geht es hier um die Chance, sich von der Mutter innerlich zu lösen, seine Liebesfähigkeit zu befreien – für andere. Hast du diesen Prozeß durchlaufen – und achte dabei besonders auf deine Träume, die dir immer die Wahrheit sagen (die Frage ist nur, ob du sie verstehst) – dann hast du das richtige Maß im Ausdruck zu lernen.

Gerade auf der Stufe des Kehl-Chakras VISHUDDHA kann dir

die künstlerische Betätigung sehr helfen. Die heilenden Kräfte der Kunst...Heilkunst...

Und vielleicht erreichst du gar noch in diesem Leben die Ebene des AJNA-Chakras, des dritten Auges. Dort wirst du den Archetypus des Sternes in dir finden. Du erinnerst dich: «Jeder Mensch ist ein Stern»[4]...

die Einheit mit dem Kosmos...

das weiße Licht aus dem Dunkel des Alls...

Einige Weise, deren Namen ich vergaß, sprechen hier von ‹unpersönlicher Liebe›. Meditiere über diesen Begriff.

Zum Schluß kommen wir zur Auferstehung, das, was die tibetischen Buddhisten BUDDHA AMITHABA nennen, der formlose Anfang.

Auf der Ebene des Kronen-Chakras SAHASRARA hat man nun keineswegs alles erreicht, kann sich zur Ruhe setzen und seine ‹Erleuchtung› unangefochten über die Welt ausgießen.

Hier wird oft die müßige Frage gestellt, ob man auf dieser Stufe noch zurückfallen kann. Die gemachte Lebenserfahrung wird bleiben, aber es kommen wieder neue Aufgaben auf einen zu, die die Chance bieten, sie zu bewältigen, an ihnen zu wachsen, oder... Im ZEN gibt es einen Satz: «Wenn du den Gipfel eines Berges erreicht hast, steige weiter.»

Was immer wieder in den Tantras besonders betont wird, du mußt zumindest bei der Arbeit mit den höheren Chakren die Fähigkeiten besitzen, aus dir selbst heraustreten zu können.

Sei einmal völlig mit den Übungen und Aufgaben auf den sieben Stufen der Chakren identifiziert und erhalte dir zugleich die Möglichkeit, dich immer wieder von außen zu betrachten.

Wieder eins der vielen Paradoxe, die jeden Selbstfindungsweg kennzeichnen.

Warum sieben Stufen auf diesem Entwicklungsweg?

Warum gerade sieben Chakren?

Physiologische Gründe sind zur Erklärung da sicherlich nicht hinreichend – oder: das Physiologische muß sich auch im Geistigen abbilden.

Rudolf Steiner sieht die Entwicklung des Menschen von seiner Geburt bis zum Tode in Siebenjahresperioden, wie Gott ja auch in sieben Tagen – einschließlich dem ihm zustehenden Ruhetag – die Welt schuf. Mit sieben hängt eine Vollendung zusammen, wie der einzelne bei der Chakren-Arbeit sich in sieben Stufen zu vollenden vermag.

Nach sieben Jahren fallen dem Menschen die ersten Zähne aus: Muladhara wird im Körper mit den Zähnen verbunden.

Nach vierzehn Jahren werden die Knaben mannbar: dies weist sofort aufs Svadisthana-Chakra hin.

Bis 21 Jahre wächst der Mensch in der Länge: dies hängt mit der Körpermitte und dem Körperschwerpunkt zusammen = Hara, Manipura.

Bis 28 Jahre wächst der Mensch in die Breite: dies ist mit dem Anahata-Chakra verbunden, das den Brustkorb und gesamten Oberkörper öffnet.

Zwischen 28 und 35 entwickelt der Mensch seine höchste Kraft: dies hängt mit dem geistigen Erwachen auf der Ebene des Vishuddha-Chakras zusammen, denn durch Geist und Kommunikation bekommt der Mensch seine größte Ausweitung und Kraft.

Ab 35 ist dann soviel Lebenserfahrung akkumuliert, daß der Mensch zum vollentwickelten Individuum werden kann.

Ob man nun in jedem Siebenjahresschritt, der übrigens auch mit den astrologischen Rhythmen des Saturn zusammenhängt (laufender Saturn entweder in Konjunktion, in Opposition und zweimal im Quadrat zum Radix-Saturn alle sieben Jahre), wiederum alle Entwicklungen vom Muladhara- bis zum Sahasrara-Chakra durchmacht, weiß ich auch nicht genau. Ich vermute es und zwar, daß diese Entwicklungen immer wieder auf einer neuen Ebene aufgenommen werden – es mag dir weiterhelfen, wenn du das an deinem eigenen Leben untersuchst.

Übrigens ist auch die Irrationalzahl PI π mit der Zahl 7 darstellbar als 22/7, somit ist hier Endliches und Unendliches, Quadrat und Kreis miteinander verbunden.

PI π: der Kreis...

der ewige Kreislauf der Entwicklungen...

«Das Leben der Götter ist Mathematik»

Novalis

Anmerkungen

1 Die einzelnen Mantren sind hier durchweg entsprechend ihrer Aussprache angeführt, da es sowieso keine einheitliche Umschreibung der Sanskrit-Begriffe gibt. Wenn du in den Chakren-Büchern die Mantras von Muladhara bis Vishuddha als LAM, VAM, RAM, YAM und HAM geschrieben findest, so entspricht das der hier angegebenen Aussprache in der Tabelle.

Die Intonationsregeln der Mantren sind teilweise sehr exakt festgelegt: So soll das Mantra LAM (lang) mit eckigem Mund und eckiger Zunge ausgesprochen werden, das Mantra VAM (vang) des Svadisthana-Chakras wie fließendes Wasser, das Mantra RAM (rang) mit zum Dreieck geformten Lippen wie der Ton des brennenden Feuers und das Mantra YAM (yang) soll mit der Zunge frei im Munde wie «Dschang» intoniert werden, bei dem Mantra HAM (hang) des Vishuddha-Chakras soll bei ovalen Lippen die Luft aus dem Hals gepreßt werden.

2 Bei der unterschiedlichen Polung der Chakren bei Frau und Mann symbolisiert die negative Polung die potentielle Energie, die positive Polung die kinetische Energie. Bei der Alchemistischen Hochzeit – der rituellen sexuellen Vereinigung – findet ein Ladungsausgleich der Chakren statt, wodurch eine gegenseitige Aktivierung der Chakren zustande kommt. Im Tantrismus (roter Tantra) gibt es zum Beispiel Stellungen wie die Sukhapadma Asana, bei der Mann und Frau sich weitgehend an allen Chakren berühren (Ausnahme die oberen beiden Ajana und Sahasrara), im Tantrismus heißt das dann: alle psychischen Stromkreise sind geschlossen.

3 Die Verbindung von höherem und niederem Selbst läßt sich am besten dadurch beschreiben, daß der einzelne seine Stärke daher bekommt, daß er das Unvermeidliche will.

4 CROWLEY, A: The Moonchild

5 So entsprechen dem kardinalen Kreuz in der Astrologie – RAJAS in der indischen Philosophie – das Muladhara- und das Manipura-Chakra, die uns den Kraftantrieb geben, und das veränderliche Kreuz – SATTVA – entspricht dem Vishuddha- und Ajna-Chakra, das ist das, was wir dem Leben eigentlich schuldig sind (die dritte Norne im germanischen Mythos: SKULD), das fixe Kreuz – TAMAS bei den Indern genannt – entspricht dem Svadisthana- und Anahata-Chakra, die uns unser Schicksal in unsere Hand geben.

Zu den einzelnen Chakren

Ob man nun die Chakren als runde Öffnungen im Ätherkörper sieht, die durch elektromagnetische Strömungen mit dem physischen Körper verbunden sind (konventionelle und wahrscheinlich auch metaphorisch zu deutende Auffassung) oder als Art, im Leben zu stehen und sich zu entwickeln, sollte man nicht als zwei verschiedene, sich ausschließende Möglichkeiten betrachten. Ich sehe beide Ansätze vielmehr als sich ergänzende Ansichten.

Ich werde im weiteren auch immer den konventionellen Aspekt berücksichtigen, wenn er mir sinnvoll erscheint und zur Klärung beitragen kann.

Die sieben Chakren können auch als Resonanzschwingung zu den sieben Planeten der alten klassischen Astrologie gesehen werden. Nach einer rosenkreuzerischen Überlieferung kommen wir zu dem Modell[1] der Tabelle 4 (s. S. 74).

Der Astromediziner Braunger geht davon aus, daß wir heute auf einer Stufe der unvollendeten Integration in die höherfrequentigen transsaturnischen Planetenschwingungen stehen. Das Ziel ist, die Chakren gemäß der ersten Spalte des Schwingungsmodells in Abbildung 4 schwingen zu lassen. Das bedeutet die Transformation der Schwingungen von SAHASRARA und AJNA, SVADISTHANA und MULADHARA.

Sehen wir den Menschen mit seinen sieben Chakren als einheitliches Schwingungsfeld[2], so wird mit der Veränderung der Schwingungen der oberen und unteren beiden Chakren sich das gesamte Schwingungsfeld verändern. Daß bedeutet, daß der heutige Mensch gleichzeitig besonders an seiner Erdung als auch an seiner Öffnung zum Geistigen arbeiten muß. Die Kraft dazu kommt aus seiner Mitte, dem Herz-Chakra, denn hier begegnen

Tabelle 4
Die planetarischen Resonanzschwingungen der Chakren

	Ziel	heute
SAHASRARA	♄	♇
AJNA	♇ ♆	⊕ ♆ ☿
VISHUDDHA	12. Pl., ⛢	12. Pl., ⛢
ANAHATA	Isis ♀	Isis ♀
MANIPURA	♃ ♂	♃ ♂
SVADISTHANA	☿ ☽	☿ ♆ ☽
MULADHARA	⊕	♀

sich die aufsteigenden und absteigenden Energien (Liebe und Haß). Wenn es im mittleren Chakra gelingt, diese aufsteigenden und absteigenden Energien sich harmonisch durchdringen zu lassen, dann vermag sich der Mensch den höherfrequentigen Schwingungen unseres Sonnensystems zu öffnen. Das heißt, wir werden beweglich und lebendig im Zeitgeist stehen. Falls wir uns auf die niederfrequentigen Schwingungen der beiden unteren Chakren einstellen, kommt es in unserem Charakter zu Erstarrungen und Verfestigungen.

Stellen wir uns nun auf die hochfrequentigen Schwingungen unserer beiden oberen Chakren ein – die durch die hohe Anzahl der Lotosblätter symbolisiert werden –, dann werden wir uns nicht nur die Beweglichkeit unseres Geistes erhalten, sondern wir bilden auch mit unseren sieben Chakren einen perfekten Resonanzraum für die Schwingungen unseres Sonnensystems. Mit dem Wurzel-Chakra / Muladhara sind wir dann voll geerdet, das Kronen-Chakra / Sahasrara mit der Saturnschwingung bietet uns die klare Erkenntnis aus unserem gelebten Leben, im Nabel-Chakra / Manipura sind Spannung (Mars) und Entspannung (Jupiter) im dynamischen Gleichgewicht, und im Herz-Chakra / Anahata durchdringen sich die absteigenden und aufsteigenden Ströme kreativ und harmonisch (worauf Isis und Venus hindeuten). Auf der Ebene des KEHL-CHAKRAS/VISHUDDHA können die Informationen neuraler und hormoneller Art ohne Widerstand verarbeitet werden, was durch die Qualität des Uranus, die Rhythmen aller Art zu beschleunigen, dargestellt ist. Dies mag auch der energetische Ausdruck für die auf Intuition (Uranus) beruhenden Erneuerungskraft sein.

Daß sich solch eine energetische Auffassung, die mit dem Feldbegriff arbeitet, auch gut zur Beschreibung der psychologischen Entwicklung des Menschen eignet, hat schon die frühe Gestaltpsychologie gezeigt. Dieses Feldmodell zeigt auch deutlich, wenn ich mich auf der Ebene nur eines Chakras entwickle, daß ich mich dann im Grunde zugleich auf der Ebene aller Chakren entwickle. Wenn ich die Lehre irgendeines der Chakren verstanden habe und sie leben kann, dann ist es relativ leicht, die restlichen Chakren zu befreien.

1 Wurzel-Chakra[3] *MULADHARA*

(MULHA bedeutet Knochenmark)

Auch Basis-Chakra genannt.

Lage: Dieses Chakra liegt zwischen Kreuzbein und Steißbein.

Es ist aktivierbar, indem wir beim Atmen eine Pause nach dem Ausatmen einlegen, bevor wir abermals wieder einatmen. Eine Aktivierung dieses Chakras beruhigt insgesamt das zentrale Nervensystem und baut Verspannungen in der Wirbelsäule ab.

Eine solche Aktivierung kann in ganz verschiedener Weise vorgenommen werden: Wir können uns auf das entsprechende Chakra konzentrieren und versuchen, es warm und entspannt werden zu lassen. Dies geschieht am einfachsten mit Hilfe der Atmung, indem wir tief in dieses Chakra atmen und besonders in der Atempause nach dem Ausatmen uns voll auf die Empfindung in der entsprechenden Körperstelle konzentrieren.

Eine Aktivierung eines Chakras kann auch nicht ohne Lösung der mit diesem Chakra verbundenen Lernaufgabe geschehen. Dies ist eine Aufgabe, die im alltäglichen Leben bewältigt werden muß.

Durch verschiedene Asanas, Mantren und Therapieformen kann ebenfalls ein Chakra aktiviert oder stimuliert werden, und darauf werden wir noch genauer bei den Übungen zu den einzelnen Chakren eingehen.

Ein Chakra wird aktiviert genannt, wenn das mit ihm verbundene Prinzip im alltäglichen Leben als Lernaufgabe akzeptiert werden kann und seine Qualität gelebt werden kann. Damit hängt auch die Harmonisierung des entsprechenden Organ- und Drüsenbereichs zusammen.

Lernaufgabe MULADHARA-Chakra:
Erdung
zu Yin: ungeerdet
zu Yang: zu gebunden.

Mit dem untersten Chakra, dem negativen Pol des Körpers, hängt die materielle Bewältigung des alltäglichen Lebens zusammen. Aus diesem Chakra bekommen wir die Energie, morgens aufzustehen und uns an unsere Arbeit zu begeben. Dieses Wurzel-Chakra verwurzelt uns mit dem alltäglichen Leben.

In der verzauberten Form – das heißt in der Form, in der Hemmungen und Blockaden der entsprechenden Energie vorhanden sind – klammert man sich an die Aufgaben des alltäglichen Lebens und kann sich nicht den Freuden und der täglichen Lust öffnen. Man arbeitet in dieser Form verbissen, und im Extremfall kann es zu fanatischen Zügen kommen. Die Schaffenskraft des Menschen ist hier blockiert, und typisch sind auf dieser Ebene Verarmungsängste (meist unberechtigter Art) und die Angst, in der Gosse zu landen.

Weiterhin ist man in der verzauberten Form des MULADHARA-Chakras sehr beeindruckbar, und undifferenziert werden alle Eindrücke mondenhaft reflektiert. Es fehlt einfach an Ich-Integration und Erdung. Diese Haltung wird in der Esoterik oft ‹at-

Abbildung 6
Die Hinteransicht der Wirbelsäule mit der Lage der untersten fünf Chakren

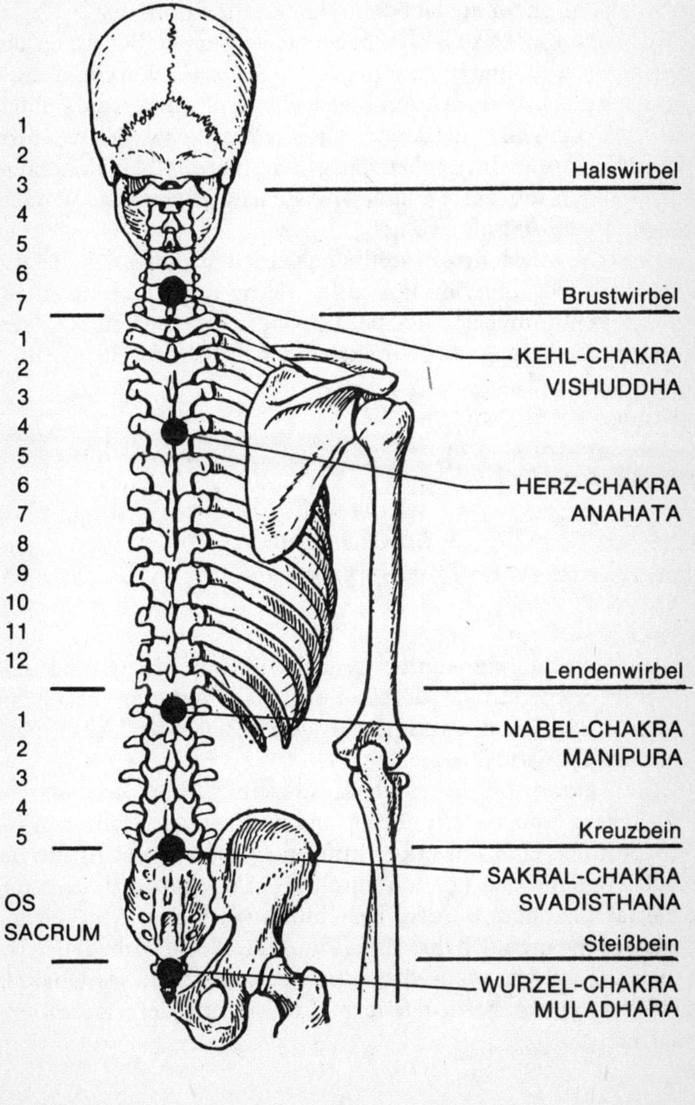

lantinisch› genannt, da Atlantis für den (Seelen-)Bereich der Beeindruckbarkeit steht.

In befreiter Form empfindet man sich aktiv im Leben stehend, sieht seine Arbeit freudig als Herausforderung an und zieht – oft unverständlich für die Umwelt – materielle Erfolge an.

Das MULADHARA-Chakra bedeutet den ersten Schritt in die materielle Welt, und in seinem Prinzip liegen alle Entwicklungspotentiale des Menschen verborgen. Hier schlummert die Kundalini, die Lebenskraft, die darauf wartet, befreit zu werden und dem Menschen die Kraft zu geben, tätig in die materielle Welt hinauszutreten. Für mich gibt es hier gewisse Anklänge an das Widderprinzip in der Astrologie.

Dieses Wurzelzentrum stellt auch einen Speicher dar, der alle Erlebnisse des Individuums aufbewahrt, und es stellt so im Grunde genommen einen Aspekt des individuellen Unbewußten im Sinne C. G. Jungs dar, wie auch einen Aspekt des ES im Sinne Sigmund Freuds.

2 *Sakral-Chakra*
SVADISTHANA

Es liegt zwischen dem fünften Lendenwirbel und dem Kreuzbein.

Dieses Zentrum ist durch die gleiche Atmung wie beim MULADHARA-Chakra aktivierbar – Pause nach dem Ausatmen, dadurch fallen die Energien.

Eine Aktivierung dieses Chakras regelt und harmonisiert den Flüssigkeitshaushalt im Körper und wirkt so auf Störungen im Urogenitalbereich, auf Erkrankungen des Blutes und Arthiritis. Auch Frauenleiden können durch die Aktivierung des Sakral-Chakras gelindert werden, beziehungsweise eine Aktivierung des SVADISTHANA-Chakras ist als wirkungsvolle Vorbeugung gegen Frauenleiden anzusehen. Zur Aktivierung dieses Chakras gehört auch ein befriedigender Umgang mit der eigenen Sexualität.

Lernaufgabe SVADISTHANA-Chakra:
Kreativität

zu Yin: sexuelle Herausforderung wie Impotenz und Frigidität. Der Unterleib ist zu schwach.

zu Yang: sexuelle Getriebenheit (was oft ‹Nymphomanie› und ‹Don Juanismus› genannt wird – allerdings wird diese Begrifflichkeit zumeist moralisch statt psychopathologisch gebraucht).

Mit dem SVADISTHANA-Chakra betreten wir den Bereich des Aufnehmens und des Ausscheidens: einmal auf der physischen Ebene die Verdauung, der Stoffwechsel, auf der emotionalen Ebene die Fähigkeit zur Hingabe, der Umgang mit Geben und Nehmen und auf der geistigen Ebene die Dialektik von Wissensanhäufung und Wissensverarbeitung. Es stellt sich die Frage: Kann ich das Gewußte auch leben? (Frage nach der Integration ins Leben). Kurzum, es geht hier um ein Geben und Nehmen auf allen Ebenen des Menschen.

In der verzauberten Form besteht ein Ungleichgewicht zwischen Geben und Nehmen, das heißt der natürliche Fluß ist gestört. Hier finden wir oft Menschen, die zur Fettleibigkeit tendieren, denn ihr Nehmen ist größer als ihr Geben angewachsen, und sie können nicht mehr im ausreichenden Maße abgeben, was sie nicht verdauen können. Die Kehrseite davon ist die Magersucht (anorexia nervosa, Pubertätsmagersucht). Aber hier finden wir auch diejenigen – und wer von uns gehört nicht dazu? –, für die besonders die sexuelle, aber auch jede andere Begegnung aus Gründen der Anerkennung gesucht wird. Das ist die Sucht nach Anerkennung aus einem tief verborgenen Gefühl heraus, zuwenig geben zu können beziehungsweise zu wollen. In dieses Verhaltensset gehört auch die Koketterie als narßistisch-erotisches Spiel.

Für den befreiten Zustand steht hier der hingabefähige Mensch, der sich voll einer Aufgabe verschreiben kann und sie oft auch originell mit anderen löst. Die intellektuelle Verarbeitung der Welt kann mit Emotionen und Lust verbunden werden. Hier kann man sich weitgehend auf den anderen einlassen und zugleich verstehen, daß man so, wie man ist, liebenswert ist.

Gerade wenn der andere eine andere Meinung als man selbst hat, vermag man mit ihm konkret kreativ zu arbeiten und sich zu ergänzen. Dies ist der Grund für jegliche Kreativität, nämlich verschiedenartigste Lebensstile, Meinungen und Ausdrucksformen zu verbinden, in sich aufzuspüren und so zu einer vollständigen und ganzen Persönlichkeit zu werden.

Meditiere auf folgenden Ausspruch des Heraklit:

> *«Das Entgegengesetzte wirkt zusammen. Aus dem Verschiedenen ergibt sich die schönste Harmonie.»*

Die Lernaufgabe dieses Chakras sollte auch immer unter dem Aspekt der Begegnung mit dem anderen gesehen werden.

Nach C. G. Jung entspricht diesem Kraftzentrum ein urzeitlicher Bewußtseinszustand, als der Mensch noch wie ein Fisch im Meer des Unbewußten schwamm.[4] Dort gab es kein Problem von Geben und Nehmen, denn es gab kein Ich-Bewußtsein, das in den natürlichen Fluß eingreifen wollte.

3 Nabel-Chakra
MANIPURA

Auch HARA oder Solar-Plexus (-Chakra) genannt.

Lage: zwischen dem zwölften Brust- und dem ersten Lendenwirbel gelegen.

Dieses Chakra ist durch verbundenes Atmen aktivierbar, das heißt, indem wir uns auf das Chakra konzentrieren und in diesem Punkt ohne eine Pause zwischen Ein- und Ausatmen und Aus- und Einatmen tief und regelmäßig hineinatmen. Wir atmen dabei wie immer im Yoga durch unsere Nase.

Eine Aktivierung dieses Chakras, mit dem hauptsächlich die Schamanen arbeiten, wirkt bei all den Erkrankungen und Störungen sehr positiv, die auf verinnerlichte Aggressionen wie Krebs – und überhaupt alle Tumore – zurückzuführen sind. Es wirkt auch heilend auf alle Magenleiden, die oftmals auch mit Ärger verbunden sind.

Insgesamt geht es auf der Stufe der Körpermitte um Macht, Wille, Ehrgeiz, Wünsche und Verlangen.

Lernaufgabe MANIPURA-Chakra:
Umgang mit Macht
zu Yin: kraftlos
zu Yang: aggressiv und gierig.

Sind wir auf der Ebene des MULADHARA-Chakras in die materielle Welt getreten und haben uns dort zu behaupten gelernt, so trafen wir im Bereich des SVADISTHANA-Chakras den anderen, tauschten uns mit ihm oder ihr aus, so haben wir nun unsere Körpermitte erreicht, unseren Schwerpunkt. Das alltägliche Leben tritt uns mit seinen Herausforderungen, seinen Widerständen entgegen, und wir begegnen ihm mit unserem Willen, mit unseren Machtansprüchen. Der Kampf ist unvermeidlich, und keiner von uns wird das Kämpfen überwinden können, ohne sich zunächst auf den Kampf eingelassen zu haben.

Aber es gibt nun viele Arten des Kämpfens. In der verzauberten Form fallen wir hier leicht auf archaische Kulturstufen des «Auge um Auge, Zahn um Zahn»-Kampfes zurück, und wir werden durch einen langen Prozeß lernen müssen, daß das Harte immer unterliegt.

Alchemistisch gesehen soll auf dieser Stufe Grobstoffliches in Feinstoffliches verwandelt werden, deswegen finden wir hier auch die Organe Magen, Leber und Galle.

Im alltäglichen Leben steht es an, unseren Willen, unsere Wünsche zu verfeinern. Sie werden quasi auf eine andere, oft ‹höher› genannte Ebene gehoben, indem wir sie mit sozialer Verantwortung verbinden. Deswegen ist dies auch das Chakra der Schamanen, denn ihre Aufgabe ist, den sozialen Zusammenhang zu behüten, und dazu gehört auch die Kommunikation mit der Geisterwelt, mit den dunklen Urkräften.

Die alchemistische Parallele zu diesem Chakra der Körpermitte ist SOL NIGER (schwarze Sonne) oder auch CAPUT CORVI (Rabenkopf) genannt, also das Prinzip des Saturn.

Das weist auf die Betrachtung der eigenen dunklen Seiten hin, und seine eigenen dunklen Seiten erlebt man für gewöhnlich am deutlichsten in Konflikten. Der erste Schritt des Umgangs mit diesen dunklen Seiten ist, sie zu sehen, der zweite, sie zu akzeptieren, denn das, was man bekämpft, macht man für gewöhnlich nur noch stärker. Der dritte Schritt der Verwandlung dieser dunklen Seiten liegt im ‹positiven Kämpfen›.

Was stellst du dir denn unter ‹positivem Kämpfen› vor?

Für mich hängt das positive Kämpfen auf der einen Seite mit einer akzeptierenden Haltung gegenüber der Aggression zusammen, und auf der anderen Seite mit der Einsicht in die soziale Verantwortlichkeit. Der positive Kämpfer kämpft nicht, um den anderen zu zerstören, sondern er zeigt offen seine Aggressionen als Teil von sich, wobei er sich bewußt bleibt, daß diese Aggressionen zuerst einmal mit ihm selbst zu tun haben. Er distanziert sich nicht von seinen Aggressionen, indem er sie auf den anderen verlagert und projiziert, er ist sich vielmehr bewußt, daß seine Aggressionen einzig und allein mit ihm zusammenhängen. Indem er seine Aggressionen deutlich aus dieser Haltung heraus zeigt, stellt er etwas Tiefes von sich dar und liefert einen Teil von sich der Gesellschaft, Gruppe oder sozialen Situation aus, ohne klein beizugeben.

Somit wird die ‹grobstoffliche Aggression›, bei der der andere zerstört werden soll, in die ‹feinstoffliche Aggression› verwandelt, bei der man sich selbst kennenlernt, sich dem anderen ehrlich zeigt, ohne seine Aggressionen zu unterdrücken. Dieser Umgang mit der eigenen ‹dunklen› Seite läßt sie auf die Dauer nicht mehr als ‹dunkel› erscheinen.

In befreiter Form entsteht auf dieser Ebene eine absolut sichere, intuitive Vorausahnung von Gefahr, oder metaphorisch gesagt: Man hat seinen Schutzengel in sich wiedergefunden.

Kann man im alltäglichen Leben diese Herausforderung zwischen eigenem Willen, seinen eigenen dunklen Seiten und den notwendigen gesellschaftlichen Begrenzungen nicht aufheben, dann führt dies leicht zu Komplexen, die ein nur zu guter Nährboden für Schwarze Magie sind.

Das Ziel der Chakrenarbeit …

Unter ‹Schwarzer Magie› verstehe ich die sich selbst und andere zerstörende Egozentrik als Grundlage des Handelns.

Im Grunde muß sich auf dieser Ebene der Mensch zwischen Himmel und Erde entscheiden: Wird er den Weg des Herzens und der Seele gehen und seine Energien zu den höheren Zentren zu heben versuchen oder den Weg des Materiellen oder der Rationalität, der in die Entseelung führt?

Einesteils stehen wir in dieser Gegensätzlichkeit zum anderen, ist es ein hohes Ziel, ‹sowohl-als-auch› zu leben. Allerdings in unserer materiell überaus geprägten Kultur ist es der erste Schritt auf die Integration von beiden hin, der Stärkung des Geistigen, der himmlischen Kraft.

An dieser inneren Gegensätzlichkeit bildet sich die Persönlichkeit und mit ihr Verantwortungsbewußtsein. Auf der Ebene des MANIPURA-Chakras findet nach von Ungern-Sternberg wie Alice Bailey eine innere Einweihung statt, wenn die Entscheidung für den Weg des Lichts getroffen wird.

4 Herz-Chakra
ANAHATA

Das mittlere der Chakren, weswegen ihm auch die Farbe Grün zugeordnet wird, die nach der Goetheschen Farbtheorie genau in der Mitte des Farbkreises zwischen Rot/Gelb einerseits und Blau/Violett andererseits liegt.

Lage: zwischen dem vierten und fünften Brustwirbel gelegen.

Dieses Chakra ist wie das vorangegangene MANIPURA-Chakra durch verbundenes Atmen aktivierbar, wobei die Konzentration auf den Herzschlag gerichtet werden soll, ohne ihn zu verändern. Eventuell kann man hier die Formel des Autogenen Trainings benutzen: «Mein Herz schlägt ruhig und regelmäßig.»

Eine Aktivierung dieses Chakras wirkt sich besonders vorteilhaft auf den Kreislauf aus und stärkt das Herz.

Nach der Erfahrung unserer eigenen dunklen Seiten im Kampf des Lebens gelangen wir mit dem mittleren Chakra zur Ruhe und zum Ausgleich. Wir werden zum sozialen konstruktiven Wesen, das, was die Griechen als Ideal des politischen Menschen (zoon politikon) sahen. Der Mensch entdeckt hier die Herzenswärme als gestaltende Kraft in seinen gesellschaftlichen Bezügen. Die Verantwortlichkeit als Individuum hat er schon auf der vorigen Stufe gelernt, und so kann er hier zum gesellschaftlichen Wesen heranreifen.

Lernaufgabe ANAHATA:
Gruppenbewußtsein (Offenheit, Liebe)
zu Yin: unsensibel
zu Yang: übersensibel.

Mit dem Herz-Chakra wird wieder die Aufgabe der Begegnung mit den anderen Menschen aufgenommen, wie wir sie schon vom Sakral-Chakra her kennen. Dieses Mal steht jedoch nicht die sexuelle Begegnung im Vordergrund oder die intime Begegnung im kleinen Kreis, jetzt geht es vielmehr um große soziale Einheiten, um Gruppenbewußtsein.

‹Integration in größere soziale Einheiten› könnte diese Aufgabe auch genannt werden.

Im verzauberten Zustand hat man zwar auf der Stufe des MANIPURA-Chakras das Kämpfen gelernt, man verhält sich aber auf der Ebene des Herz-Chakras im Konfliktfalle ‹cool› und distanziert intellektuell. Tiefenpsychologisch wird diese Haltung ‹Abwehr durch Rationalisierung› genannt.

Das ist ein großes Problem der Wasserzeichen, die, wenn sie angegriffen und beleidigt werden, oft extrem ‹cool› und distanziert als Gegenbild zu ihrer sonstigen Gefühlstiefe reagieren.

Die Unterdrückung der Gefühle durch Rauchen gehört ebenfalls auf diese Ebene, die in verzauberter Form immer von Gefühlsabwehr gekennzeichnet ist. (Vergleiche auch in der Bioenergetik den Brustpanzer).

In der befreiten Form finden wir hier astrologisch gesehen die positiven Löwequalitäten: Man kann einer größeren Einheit durch Organisationstalent, durch soziale Geschicklichkeit und Diplomatie dienen. Es gelingt einem, sich gut zu integrieren und anzupassen, ohne seine Individualität dabei zu verlieren.

Auf dieser befreiten Ebene leben die kraftvollen, glücklichen Menschen, die wie der Gehängte im Tarot mehrere Perspektiven zugleich sehen und verbinden können.

5 *Kehl-Chakra*
Vishuddha

Auch Hals-Chakra genannt.

Lage: zwischen siebtem Hals- und erstem Brustwirbel gelegen. Dieses Chakra wird durch eine Atempause nach dem Einatmen aktiviert, die die Energien steigen läßt.

Solche Atempausen sollten nie den Grad des Angenehmen übersteigen. Eine Pause nach dem Einatmen läßt im Gegensatz zur Pause nach dem Ausatmen die Energien aufsteigen, besonders wenn man in dieser Pause die eingezogene Atemluft nach oben in den Brustraum drückt.

Mir scheint das Vishuddha-Chakra dasjenige Chakra zu sein, das am besten und leichtesten durch die Atmung ansprechbar ist. Eine Aktivierung dieses Chakras läßt die Sprache voller und deutlicher werden, bei Männern oft auch tiefer. Insgesamt beugt die Aktivierung des Kehl-Chakras der Heiserkeit vor. In der Ausbildung von Sängern ist die Stimulation dieses Chakras selbstverständlich.

Alle Funktionsstörungen der Schilddrüse – die anders nur schwierig zu behandeln sind – können durch die Arbeit am Vishuddha-Chakra gemildert werden, und so können über ein Ansprechen dieses Chakras auch maniforme und depressive Zustände ausgeglichen werden (über die humorale Steuerung). Welches Prinzip vertritt das Kehl-Chakra?

Zuerst einmal eine endgültige Reinigung aller bisher besprochenen Chakren.

Was bedeutet nun ‹Reinigung der Chakren›?

Hier wird ganz bewußt Denken und Fühlen verbunden, es wird genau reflektiert und sich klargemacht, wie der eigene Weg bisher gelaufen ist. Man beginnt diesen seinen Weg zu verstehen und im Zusammenhang zu sehen. Deswegen ist hier auch Sprache und Kommunikation so wichtig. Es ist das Gespräch mit dem anderen, das Lesen von Literatur, was einem klarmacht, was bisher geschehen ist.

Der Mensch gewinnt hier die Fähigkeit, geistige Konsequenzen zu sehen und seine Entschlüsse in den Widrigkeiten des Lebens beizubehalten.

Erst nach dieser Reinigung, diesem Verstehen, was war, der Aneignung der eigenen Geschichte, kann der Weg nach innen produktiv vollzogen werden.

Denken und Fühlen werden hier aufs engste miteinander verbunden und bilden die Basis dafür, daß zwei Stufen später auf der Ebene des tausendblättrigen Lotos ein Handeln aus der Intuition in jedem Bereich möglich wird. Dort ist dann das Uranus-Prinzip verwirklicht worden.

Aber zurück zum Kehl-Chakra – wir können keine Stufe überspringen. Abkürzungen sind nicht zugelassen – ein Schlüsselbegriff ist hier ASSIMILATION. Alle bislang gemachten Erfahrungen müssen in zweierlei Richtungen verarbeitet werden: Einmal tief innerlich, gefühlsmäßig, und zum anderen muß diese so geschaffene innere Realität ihren angemessenen kommunikativen Ausdruck nach außen finden. Das Ziel ist, die Erfahrungen sprachlich kommunizieren zu können.

Hier beginnt die Erziehung zur geistigen Ebene.

Was ist geistig?...

Auf dieser Ebene kann uns die Traumarbeit weiterhelfen, denn das Traum-Ich bildet sehr exakt die Handlungen, Leiden und Freuden unseres bewußten Ichs ab. Die inneren formenden Kräfte können in der Traumarbeit erkannt und bewußtgemacht werden und somit als kreative Gestaltungskräfte nach außen gebracht werden. Dieser Prozeß kann durch die Bach-Blüten Bleiwurz und einjähriger Knäuel unterstützt werden.

Lernaufgabe VISHUDDHA-Chakra
Kommunikation und Assimilation

zu Yin: man hat Schwierigkeiten, sich kommunikativ zu äußern (Kommunikationshemmung)

zu Yang: man strebt tendenziell zur Dominanz in der Kommunikation

Die bis jetzt besprochenen fünf Prinzipien kann man sich an den entsprechenden fünf Punkten jweils vorne und hinten auf der Wirbelsäule liegend (vgl. Abb. 6) vorstellen. Sie sind durch Berührung, Atmung, Konzentration und ein Durchleben dieser mit ihnen verbundenen Aufgaben erlösbar.

Die bis jetzt besprochenen fünf Kraftzentren mögen wir uns als Pentagramm (Abb. 7) vorstellen: Im Pentagramm müssen

Abbildung 7
Die unteren fünf Chakren im Pentagramm

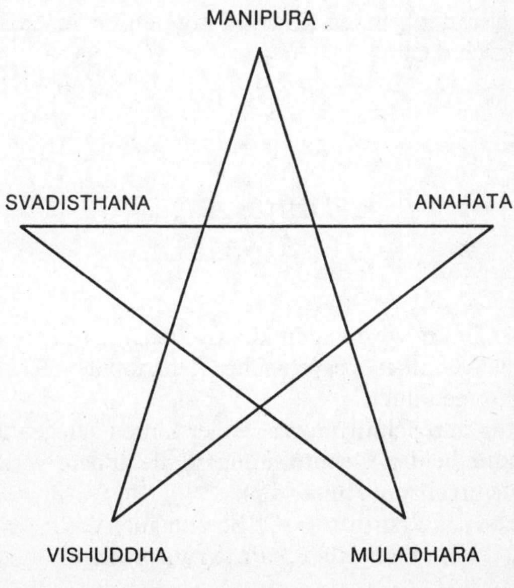

alle fünf Kräfte harmonisch ausgewogen sein, sonst kann etwas Zerstörerisches in den Menschen eindringen.[5] Auf die Chakren-Arbeit übertragen heißt dies, daß alle bisher besprochenen fünf Prinzipien oder Qualitäten in Harmonie entwickelt sein müssen, um zu den beiden geistigen Qualitäten (AJNA und SAHASRARA) fortschreiten zu können.

Falls jedoch die bisher besprochenen fünf Prinzipien in Harmonie ausgelebt werden, dann hat sich dieser Mensch zu einer einheitlichen, voll lebensfähigen Form entwickelt. Nach von UNGERN-STERNBERG[6] ist das Pentagramm auch ein echtes Bild dafür, Inneres zu leben und im Äußeren zu handeln. Genau das ist ein Ziel in der Chakren-Arbeit, aus der Fülle des inneren Erlebens soll als Frucht die verantwortungsvolle soziale Handlung hervorgehen.

> «Wenn die fünf Kräfte im Einklang sind, dann geschieht das eben nicht, daß der Teufel da hinein kann, wie es beim Faust geschehen ist; das ist die Versuchung zum Anonymen, unverantwortlich zu sein.»[7]

Die beiden nun folgenden Chakren können im Schädel liegend vorgestellt werden.

6 *Drittes Auge*
AJNA

Das AJNA-Chakra wird in den klassischen Yoga-Lehren bisweilen als nebengeordnetes psychisches Zentrum dem SAHASRARA-Chakra untergeordnet.

Lage: Auf dem Schnittpunkt zweier Linien gelegen. Die eine verbindet die beiden Gehöröffnungen, die andere verläuft von der Nasenwurzel zum Hinterkopf.

Wie schon das VISHUDDHA-Chakra ist auch das AJNA-Chakra durch eine Pause nach dem Einatmen ansprechbar.

Die Aktivierung dieses Chakras hat weitgehend psychische Wirkungen und kann als mächtiges Hilfsmittel zur Angstüberwindung benutzt werden. Alle Spannungen gehen letztendlich auf Ängste zurück, und so kann ein tiefes Atmen in dieses Chakra verbunden mit dem Mantra ‹AUM› Ängste, Sorgen, Alpträume und letztendlich jeden Streß vertreiben. Allerdings geschieht dies nur, wenn wir regelmäßig mit diesem Chakra arbeiten und unser Leben gemäß seinen Prinzipien zu verändern suchen. Sind alle Ängste aufgelöst, hat man einmal wirklich vollständig losgelassen, dann fliegt einem eine ungeahnte Konzentrationsmöglichkeit zu, und man wird einen qualitativen Sprung in seinen Meditationen bemerken.

Hat man vorher weitgehend unbeteiligt in der Meditation seine Gedankenformen und Gefühle betrachtet, dann vermag man hier aus dem Gefühl der Leere heraus seine Gedankenformen lasergleich auf jeden Punkt unseres Kosmos zu richten. An allem, was dir begegnet, kannst du alles über unsere Welt ablesen, du verstehst unser Universum als Holoversum (als ein riesiges HOLOGRAMM, in dem sich alles in allem widerspiegelt).

Du kannst jedem, den du liebst, Licht und Liebe wie auch heilende Energien senden – und das Unglaublichste: sie kommen wirklich an.

Lernaufgabe AJNA-Chakra:
Imagination und Konzentration
Yin-Yang-Ungleichgewicht: oft Kopfschmerzen und Konzentrationsstörungen.

Auf dieser Stufe gehen wir mit der Macht des positiven Denkens und der Kraft der Visualisierung in die Umwelt hinaus. Im Grunde ist positives Denken und kreative, konstruktive Visualisierung erst auf dieser Stufe möglich, denn ich weiß, was ich zum Wohle der anderen und zu meinem eigenen Wohle will, kenne meine dunklen Seiten, die sich mehr und mehr aufhellen, und kann meine Konzentration ungeteilt auf ein Ziel richten.

Ich kann jedoch erst die Stufe des AJNA-Chakras erreichen, wenn ich ethisch dazu reif bin. Vielleicht bin ich naiv, wenn ich glaube, uns fließt immer nur die Macht zu, zu deren Gebrauch wir auch ethisch reif sind. Allerdings gibt es ja auch den Machtmißbrauch, wobei sich jedoch spirituell die Frage stellt, ob der sogenannte Machtmißbrauch nicht doch letztendlich einem höheren Ziele dient. Am Beispiel von Adolf Hitler möchte ich mir das nicht vorstellen. Das ist eine heikle Frage, deren Beantwortung ich mich nicht gewachsen fühle.

Wann ist man nun ethisch reif für irgendeine Macht?

Welche Macht hast du?

Wie hast du die entsprechende ethische Reife erlangt?

«Ethisch reif» ist ein großes Konfliktfeld in der Spiritualität: Ich denke da nur an die Einschätzungen von A. CROWLEY und GURDJIEFF von erleuchtet bis zu teuflisch destruktiv.

...oder im MABINOGI, das älteste uns überkommene Werk mit Wurzeln aus spätkeltischer Zeit: Die böse Zauberin spricht die Worte der Macht und zerstört damit sich selbst...

Eines der Hauptprinzipien, das auf dieser Ebene entwickelt werden kann, ist die sogenannte Intelligenz des Herzens. Liebevoll, intelligent und intuitiv zugleich trete ich in die Welt und baue aktiv mit Imagination und meinen konkreten Handlungen, die der Imagination folgen, an einer neuen, positiven Welt mit.

In der verzauberten Form glaube ich hier an nichts mehr, verfalle in einen tiefen, oft zynischen Nihilismus, der Ausdruck meines ethischen Versagens ist, meine großen Ideen und Utopien umzusetzen. Aber nicht die Welt ist daran schuld, sondern ich selbst. Schuld hat selten der andere, selten die Situation, denn es ist meine Person, die diese Situation, diesen anderen anzieht.

Ich sollte hier spätestens einschieben, daß man im Leben nicht unbedingt diese Stufen gemäß ihrer Reihenfolge durchläuft. Das ist einzig ein ideal-typisches Modell. Man befindet sich auf allen diesen Stufen zugleich, doch mit ganz verschiedenem Bewußtseinsgrad.

Ich kann also die oberen Chakren weitgehend befreit haben, aber mit der Erdung und dem alltäglichen Leben dennoch schlecht zurechtkommen. Eine ideale Entwicklung liegt vor, wenn alle Chakren weitgehend aufeinander abgestimmt befreit werden. Allerdings setzt die vollständige Befreiung der oberen beiden Chakren von ihrem synthetischen Wesen her eine gewisse Entzauberung der unteren Chakren voraus. Wer Grundbedürfnisse zumindest längere Zeit nicht befriedigen kann, wird schwerlich geistige Erfahrungen machen.

7 *Kronen-Chakra* SAHASRARA

Auch tausendblättriger Lotos genannt.

Zu diesem Chakra ist wenig zu schreiben, denn es liegt jenseits von Sprache – es liegt jenseits unseres Raum- und Zeitkontinuums.

Lage: Akupunkturpunkt TOU MOU * auf der Scheitelmitte in der Höhe der Fontanellen.

Hier geht es um alle Arten der Programmierung, die größer, höher als das eigene Selbst sind oder kurz, die jenseits unserer Vorstellungen liegen. Höheres und niederes Selbst verschmelzen, und es entsteht ein absolutes Vertrauen. Auf dieser Ebene gibt es kein Unbewußtes mehr, meines Erachtens auch keine verzauberten Formen.

Im alltäglichen Leben will man hier das Unabwendbare, oder man könnte sagen Wille, Tat und Erkenntnis sind zu einer Einheit verschmolzen. In den Tantras hört sich das wie folgt an: Der innere Kern von SAHASRARA ist in BINDU[8], BIJA[9] und NADA[10] aufgeteilt. Hier verbinden sich Shiva (Samen) und Shakti (Men-

* Dieser Punkt wird auch PAIHUI BAIHUI genannt, was soviel wie «die Kreuzung der hundert Wege» bedeutet. Dieser Name verweist schon darauf, daß sich in BAIHUI alle Yang-Meridiane treffen, und von daher ist er auch in der Akupunktur ein wesentlicher und außergewöhnlicher Punkt. Ferner gibt es Beziehungen zwischen diesem Punkt und dem Archetypus der gehörnten Göttin (nach Jung), in dem das Horn der Göttin im Grunde das Energiemuster eines geöffneten SAHASRARA-Chakras symbolisiert (Vgl. dazu auch: GARFIELD, Patricia: Der Weg des Traummandala, Interlaken 1981, S. 192–206).

struationsblut) zu Shiva-Shakti (Vermählung). Dies ist die alchemistische Hochzeit, die Verschmelzung von höherem und niederem Selbst.

Diese Stufe der Meister kann allerdings immer nur als letzte erreicht werden.

Hier sei jedoch noch eine kurze Bemerkung zur Erleuchtung erlaubt. Für mich gibt es keine Erleuchtung im Irdischen in der Weise, daß alle Spannungen aufgehoben sind. Die Ansicht vom ‹ganz entspannt im Hier und Jetzt› halte ich für so naiv wie gefährlich. Das Irdische ist von der Spannung, von Freude und Leid letztendlich gekennzeichnet, und auf der SAHASRARA-Ebene kann aus dieser Spannung kreativ gehandelt werden. Die Harmonie, die Entspannung im Hier und Jetzt, liegt wohl eher im Tod, das Leben ist wegen der Spannung mit ihren Herausforderungen an uns gerade lebenswert.

Zur Meditation auf dieses Chakra möchte ich folgendes Gedicht von Friedrich Schiller empfehlen:

Das verschleierte Bild zu Sais

Ein Jüngling, den des Wissens heißer Durst
Nach Sais in Ägypten trieb, der Priester
Geheime Weisheit zu erlernen, hatte
Schon manchen Grad mit schnellem Geist durcheilt;
Stets riß ihn seine Forschbegierde weiter,
Und kaum besänftigt der Hierophant
Den ungeduldig Strebenden, «Was hab' ich,
Wenn ich nicht alles habe?» sprach der Jüngling;
«Gibt's etwa hier ein Weniger und Mehr?
Ist deine Wahrheit, wie der Sinne Glück,
Nur eine Summe, die man größer, kleiner
Besitzen kann und immer doch besitzt?
Ist sie nicht eine einz'ge ungeteilte?
Nimm einen Ton aus einer Harmonie,
Nimm eine Farbe aus dem Regenbogen,
Und alles, was dir bleibt, ist nichts, solang
Das schöne All der Töne fehlt und Farben.»

Indem sie einst so sprachen, standen sie
In einer einsamen Rotonde still,
Wo ein verschleiert Bild von Riesengröße
Dem Jüngling in die Augen fiel. Verwundert
Blickt er den Führer an und spricht: «Was ist's,
Das hinter diesem Schleier sich verbirgt?» –
«Die Wahrheit», ist die Antwort. – «Wie?» ruft jener,
«Nach Wahrheit streb' ich ja allein, und diese
Gerade ist es, die man mir verhüllt?»
«Das mache mit der Gottheit aus», versetzt
Der Hierophant. «Kein Sterblicher, sagt sie,
Rückt diesen Schleier, bis ich selbst ihn hebe.
Und wer mit ungeweihter, schuld'ger Hand
Den heiligen, verbotnen früher hebt,
Der, spricht die Gottheit», – «Nun?» – «Der sieht die Wahrheit.»
«Ein seltsamer Orakelspruch! Du selbst,
Du hättest also niemals ihn gehoben?»
«Ich? Wahrlich nicht! Und war auch nie dazu
Versucht.» – «Das fass' ich nicht. Wenn von der Wahrheit
Nur diese dünne Scheidewand mich trennte» –
«Und ein Gesetz», fällt ihm sein Führer ein.
«Gewichtiger, mein Sohn, als du es meinst,
Ist dieser dünne Flor – für deine Hand
Zwar leicht, doch zentnerschwer für dein Gewissen.»

Der Jüngling ging gedankenvoll nach Hause;
Ihm raubt des Wissens brennende Begier
Den Schlaf, er wälzt sich glühend auf dem Lager
Und rafft sich auf um Mitternacht. Zum Tempel
Führt unfreiwillig ihn der scheue Tritt.
Leicht ward es ihm, die Mauer zu ersteigen,
Und mitten in das Innre der Rotonde
Trägt ein beherzter Sprung den Wagenden.

Hier steht er nun, und grauenvoll umfängt
Den Einsamen die lebenlose Stille,
Die nur der Tritte Widerhall
In den geheimen Grüften unterbricht.
Von oben durch der Kuppel Öffnung wirft

Der Mond den bleichen, silberblauen Schein,
Und furchtbar, wie ein gegenwärt'ger Gott,
Erglänzt durch des Gewölbes Finsternisse
In ihrem langen Schleier die Gestalt.

Er tritt hinan mit ungewissem Schritt;
Schon will die freche Hand das Heilige berühren,
Da zuckt es heiß und kühl durch sein Gebein
Und stößt ihn weg mit unsichtbarem Arme.
Unglücklicher, was willst du tun? so ruft
In seinem Innern eine treue Stimme.
Versuchen den Allheiligen willst du?
Kein Sterblicher, sprach des Orakels Mund,
Rückt diesen Schleier, bis ich selbst ihn hebe.
Doch setzte nicht derselbe Mund hinzu:
Wer diesen Schleier hebt, soll Wahrheit schauen?
«Sei hinter ihm, was will! Ich heb ihn auf.»
Er ruft's mit lauter Stimm': «Ich will sie schauen.» Schauen!
Gellt ihm ein langes Echo spottend nach.

Er spricht's und hat den Schleier aufgedeckt.
«Nun», fragt ihr, «und was zeigte sich ihm hier?»
Ich weiß es nicht. Besinnungslos und bleich,
So fanden ihn am andern Tag die Priester
Am Fußgestell der Isis ausgestreckt.
Was er allda gesehen und erfahren,
Was seine Zunge nie bekannt. Auf ewig
War seines Lebens Heiterkeit dahin,
Ihn riß ein tiefer Gram zum frühen Grabe.
«Weh dem», dies war sein warnungsvolles Wort,
Wenn ungestüme Frager in ihn drangen,
«Weh dem, der zu der Wahrheit geht durch Schuld:
Sie wird ihm nimmermehr erfreulich sein.»

Soweit Schillers Gedicht. In der Meditation sollte dieses Gedicht laut gesprochen werden, denn erst dann kann es seine Wirkung durch Gehalt und Rhythmus voll entfalten.

Anmerkungen

1 Ich zitiere nach: BRAUNGER, Günther: Lehrbuch der Astromedizin, München 1984, S. 6

2 Der Feldbegriff, wie ihn die Gestaltpsychologie in Anlehnung an die neuere Physik entwickelt hat, kommt der holographischen Sicht sehr nahe, denn auch im Feld ist in jeder einzelnen Schwingung die Struktur des Gesamtfeldes vorausgesetzt und vorhanden.

3 Die den einzelnen Chakren zugeordneten Elemente können der Tabelle 2 entnommen werden.

4 Vgl. JUNG, C. G.: Der philosophische Baum. In: Gesammelte Werke Bd. 13, a. a. O., S. 285 f.

5 Siehe die Szene «Osterspaziergang» in Goethes «Faust»

6 Das Pentagramm. In: HERMETIKA Nr. 5, Kinsau/Lech, April 1984, S. 27–32, S. 29

7 UNGERN-STERNBERG, O. v.: w. o., S. 32

8 BINDU: entspricht der Kraft und Energie des Shiva-Prinzips, wird mit der Farbe Weiß und dem Mond verbunden, symbolisiert den männlichen Samen und könnte im weitesten Sinne mit WILLE übersetzt werden.

9 BIJA: entspricht der Kraft und Energie des Shakti-Prinzips, wird mit der Farbe Rot und dem Feuer verbunden, symbolisiert das Menstruationsblut und kann im weitesten Sinne mit TAT übersetzt werden.

10 NADA: entspricht der Verbindung von Shiva und Shakti und wird so auch mit Rot und Weiß symbolisiert. Die kosmische Entsprechung ist die Sonne, die unter dem Nada-Aspekt die Vermählung aller Kräfte symbolisiert. Im weitesten Sinne kann Nada mit Erkenntnis oder KLANG übersetzt werden.
Folgende Abbildung soll noch einmal den Zusammenhang verdeutlichen:

SAHASRARA
Bewußtsein

BINDU-Aspekt	NADA-Aspekt	BIJA-Aspekt
formlos	Verbindung	Form
Shiva	(maithuna)	Shakti
WILLE	Shiva-Shakti	TAT
	ERKENNTNIS	

Zur Entscheidung, an welchem Chakra vordringlich gearbeitet werden soll

Wenn es dir nicht klar ist, am welchem Chakra du zuviel oder zuwenig Energien hast – was sich meist jedoch an deinem Lebensstil deutlich zeigt –, dann kannst du einen Muskeltest wie bei dem Test für die Bach-Blütenessenzen oder homöopathischen Mittel durchführen.

Du nimmst deinen rechten Arm und streckst ihn gerade im rechten Winkel zu deinem Körper nach vorne. Eine andere Person sagt «Widerstand», den du bietest, während sie versucht, deinen rechten Arm herunterzudrücken. Deine linke, nehmende Hand legst du gleichzeitig bei jedem Muskeltest auf ein Chakra in der Reihenfolge von oben Sahasrara/Kronen-Chakra nach unten Muladhara/Wurzel-Chakra. So läßt du die andere Person siebenmal also jedes deiner Chakren testen. Bei stärkerem Widerstand ist auch das entsprechende Chakra stärker energetisiert, bei schwächerem Widerstand ist auch das betreffende Chakra schwach energetisiert. Du nimmst mit der linken Hand die Energien aus dem entsprechenden Chakra auf, was sich sofort in der Stärkung oder Schwächung deines rechten Armes (und ganzen Körpers) widerspiegelt. Du wirst sehen, es tritt keine Unterenergetisierung eines Chakras ohne eine Überenergetisierung eines anderen auf. Dieser Muskeltest zeigt dann eine Harmonie an, wenn der Widerstand bei allen sieben Chakren gleichmäßig stark gefühlt wird.

Dies ist nur ein möglicher Muskeltest; das «touch for health» (Gesund durch Berühren) kennt viele solcher Muskeltests, und man kann sich denjenigen heraussuchen, bei dem der Muskel weniger leicht ermüdet, da dieser Test für das entsprechende Individuum die Tendenz hat, sehr scharf abgegrenzt die unterschiedliche Energetisierung der einzelnen Chakren wiederzugeben. Aus dem Übungsbuch THIE «Gesund durch Berühren» kannst du dir die entsprechenden Muskeltests heraussuchen.

Der einfachste Muskeltest zur Bestimmung der Energetisierung der einzelnen Chakren wird mit Daumen und kleinem Finger ausgeführt. Du legst an deiner rechten Hand Daumen und kleinen Finger fest aneinander, legst die linke Hand auf das zu prüfende Chakra, und die dir helfende Person prüft wieder die Spannung zwischen Daumen und kleinem Finger, indem sie sie trennt. Ich benutze meist diesen Test, da er schnell durchführbar ist und auch gute Ergebnisse liefert, da die Handmuskeln rechts relativ ermüdungsresistent sind.

Führe jetzt einmal den «Daumen-kleiner-Finger-Test» an dir durch (du benötigst eine weitere Person, die dich testet) und schaue, ob du das Testergebnis auch in deinem alltäglichen Leben wiederfinden kannst.

Auch wenn du gerade an einem anderen Chakra arbeiten willst, so sollst du zumindest das geschwächte Chakra mit einer Übung in deinen Übungszyklus mit einbeziehen. Bei sehr unausgeglichenem Energieniveau der einzelnen Chakren untereinander solltest du die im vorletzten Kapitel ausgesprochenen Übungen, die alle Chakren ansprechen, zum Hauptbestandteil deines Übungszyklus machen. Alle drei der dort aufgeführten Übungen können hintereinandergeschaltet werden.

Exkurs

Rotes Tantra

Es mag hier noch kurz angeführt werden, daß auch in der sexuellen Begegnung die Chakren geweckt werden können – ja, ich möchte fast behaupten, daß sie bei der sexuellen Begegnung immer, wenn auch zumeist unbewußt, aktiviert werden. Hierbei sind die Sinne sehr wesentlich:

Auf der Ebene des MULADHARA-Chakras spielt der Geruch eine große Rolle, der Geruch der Genitalien wie der Schweißgeruch der Haut, auf der SVADISTHANA-Ebene genießt du den salzigen Geschmack der Haut und der genitalen Ausscheidungen, und unter dem MANIPURA-Prinzip spielt dann der Anblick des nackten Körpers als Meditation die wesentlichste Rolle, beim ANAHATA-Prinzip das Tasten und Fühlen, und auf der Stufe des VISHUDDHA-Chakras schwingst du dich auf den Klang des Körpers des Partners ein – vom Herzschlag bis zu den Lustschreien.

Die Entwicklung eines jeden dieser Sinne kann als Fahrzeug zur persönlichen Entwicklung mit dem Partner benutzt werden.

Eine schöne Übung, die der Ebene des MANIPURA-Chakras zugerechnet wird, ist die Meditation auf den nackten Körper deines Partners. – Jeder von uns hat das sicherlich schon mehr oder weniger unbewußt gemacht, nun kommt es aber darauf an, mit vollem Bewußtsein den Anblick des nackten Partners zu genießen.

Du setzt dich in Meditationshaltung vor deinem Partner hin, so daß jeder die Genitalien des anderen deutlich sehen kann. Darauf atmet ihr beide tief und regelmäßig in verbundener Form (in der Vorstellung) durch eure Genitalien ein und aus und haltet euren Blick starr für mindestens eine Viertel

Stunde lang auf die Genitalien des anderen fixiert. Danach schließt eure Augen und visualisiert das Gesehene im Detail und spürt es eventuell bei euch selbst...

Erst danach mag man zusammen schlafen oder auch nicht.

Geht man durch die einzelnen Chakren, dann kann die sexuelle Erregung von den Füßen (MULADHARA) über die Hände (SVADISTHANA) und den Anus (MANIPURA) langsam zum Penis beziehungsweise zu Vagina und Kitzler hochgezogen werden, wobei die Ekstase so lange wie möglich herausgeschoben und so die Spannung in den einzelnen Chakren aufs äußerste vergrößert wird. Hierbei sollte die angegebene Reihenfolge Füße-Hände-Anus-Penis/Kitzler (Vagina) beibehalten werden, da dann der aufsteigende Fluß der Erregung deutlich in den Chakren gespürt werden kann.

Da Mann und Frau in den einzelnen Chakren gegensätzlich geladen sind[1], baut sich ein intensiver Energiestrom auf, bei dessen Entladung automatisch, das heißt ohne bewußte Steuerung, die beiden oberen Chakren geweckt werden.

Bei gewissen Asanas – zum Beispiel SUKHAPADMA und YONIASANA – kommt es deswegen rein physisch darauf an, daß beide Partner sich an allen Chakren berühren mit Ausnahme des SAHASRARA-Chakras, denn dort tritt ja keine unterschiedliche Polung auf.

Das SAHASRARA-Chakra als Symbol der Vermählung von Shiva und Shakti ist bei Mann und Frau neutral gepolt, im Grunde kommt hier keine Befreiung, kein Erleben durch den anderen zustande. SAHASRARA drückt die individuelle Komponente des Ekstase-Erlebnisses aus, wohingegen die übrigen Chakren die gemeinsame Komponente dieses Erlebnisses ausdrücken.

Wer sich genauer für diesen Weg interessiert, mag sich die in Jonn MUMFORDS Buch «Tantrische Sexualmagie»[2] angeführten Asanas, Übungen und deren Erklärungen anschauen.

Es muß hier allerdings noch erwähnt werden, daß im tibetischen Buddhismus (VAJRAYANA und TANTRAYANA) der Tantrismus wenig mit sexuellen Praktiken zu tun hat. Die bildhafte Darstellung von sexueller Vereinigung, die als YAB-YUM (Vater-

und Mutteraspekt Buddhas) bekannt ist, symbolisiert die Verbindung von Weisheit (Muttersapekt Buddhas) und Methode (Vateraspekt Buddhas). Das Ziel dieser Darstellung ist Geistigkeit und gerade die Transformierung der Sexualität.[3]

Was oft im Westen unter Tantra verstanden wird, verkehrt den buddhistischen Tantrismus in sein Gegenteil. Wenn ich hier vom ‹roten Tantra› spreche (im Gegensatz zum weißen und schwarzen), so beziehe ich mich auf alte sexualmagische Rituale der Hindus, nach denen die Erleuchtung in den Genitalien der Frau zu finden ist. Das bedeutet, daß besonders in der patriarchalischen Gesellschaft der sexuellen Erregung durch die aktive Frau ein großer Entwicklungs- und Selbsterkenntniswert zugesprochen wird, denn der Körper lügt nie. Allerdings handelt es sich hier um rituelle Sexualität, das heißt, es wird ein ganz bestimmtes Bewußtsein vorausgesetzt.

Auch wir können heutzutage als Westler diese Entwicklungskräfte der Sexualität spüren und benutzen, wenn wir uns mit einer bestimmten Haltung, einer bestimmten Einstellung vereinigen. Wie bei der Chakren-Arbeit allgemein hängt es von dem Bewußtsein ab, mit dem wir eine Tat ausführen, ob sie erlösen oder binden wird. Für die Sexualität gilt dies im besonderen Maße.

Die Chakren-Arbeit lehrt uns auch, die Sexualität im Zusammenhang mit dem ganzen Menschen zu sehen und nicht als ein isoliertes Phänomen, das alle Energien auf sich zieht. Insofern kann ich schon die Theosophen und Anthroposophen verstehen, wenn sie vor einer Arbeit mit dem Sakral-Chakra warnen. In einer Welt, die alles analytisch zu betrachten sucht, zieht die Beschäftigung mit der Sexualität leicht zu viele Energien auf sich mit der fatalen Wirkung, daß der Gesamtzusammenhang mit dem Menschen als auch geistiges Wesen vernachlässigt wird.

Anmerkungen

1 Siehe zur Polung bei Mann und Frau die Tabelle 2

2 MUMFORD, Jonn: Tantrische Sexualmagie, Basel 1984
Wer noch weitergehen möchte, dem empfehle ich das allerdings schwierig zu bekommende Buch von CULLING, Louis T. The Complete Magic Curriculum of the Secret Order G. B. G., St. Paul/Minn. 1970.
Culling beschäftigt sich hier aus der Hexensicht des modernen WICCA-Kultes indirekt, aber sehr praktisch mit den Chakren und Energieströmen im Körper. Schau selbst – du wirst dich wundern! Ob's nun schwarz- oder weißmagisch ist?
Ich selbst bin jedoch der Ansicht, daß man Übungen zur sexuellen Stimulation der Chakren sich selbst mit seinem Partner(in) ausdenken und entwickeln sollte. Was auf dem Buchmarkt unter dem Titel TANTRA oder ROTER TANTRA und SEXUALMAGIE angeboten wird, ist meist plattester Unfug.
In dem oben zitierten Buch von Mumford werden auch die beiden hier angeführten Asanas beschrieben und in der Zeichnung dargestellt.

3 Zum heutigen und historischen VAJRAYANA das sehr schöne Buch mit einmaligen Fotos von Antoine BORROMEE und Dagpo RIMPOCHE: «Der Dalai Lama», München 1984.

Übungsteil

1 *Körperübungen*
Asanas

Die hier angeführten Körperübungen setzen sich aus klassischen Yoga-Asanas, bioenergetischen Übungen, Gurdjieffschen Bewegungsabläufen und spontaner Kommunikation mit dem Körper zusammen.

Mit den klassischen Asanas des Hatha-Yoga habe ich teilweise in meiner eigenen Übungspraxis ein Pressen bestimmter Akupunkturpunkte verbunden, da ich dann selbst das Gefühl des Lebensstroms durch meinen Körper dabei deutlicher spüren konnte. Allerdings bin ich über die Jahre wieder davon abgekommen, da ich einmal die verschiedenen Punkte schlecht behalten konnte und zum anderen bemerkt habe, daß ich der Intuition meiner Hände vertrauen kann. Sie finden immer genau die Stellen, die einer Massage bedürfen. Ob es sich nun hierbei um bestimmte Akupunkturpunkte handelt oder nicht, spielt dabei keine Rolle. Auf jeden Fall ist mir diese Einschwingung auf den eigenen Körper wichtiger als das Wissen um ein System, das zu leicht die Gefahr bietet, mehr auf das System als auf den eigenen Körper zu achten.

Möglicherweise kann man das Vertrauen auf die eigene Intuition mehr als weiblichen Weg sehen und das Arbeiten nach einer Methode mehr als männlichen Weg. Mir scheint es als Mann wesentlich zu sein, die Seite in den Übungen in mir zu entwikkeln, die ich gesellschaftlich oft nicht ausleben kann – für Frauen mag das dann die methodische Seite sein.

Bei all diesen Körperübungen handelt es sich oft um Dehnungen der Muskulatur, und solch eine Dehnung sollte nie erzwungen werden. Die Dehnung darf auf keinen Fall schmerzen oder sehr unangenehm sein, da dann ein Dehnreflex eintritt, der gerade wieder den oder die Muskeln anspannt. Das Auftreten eines Schmerzes beim Dehnen zeigt an, daß hier falsch beziehungsweise zu weit gedehnt worden ist, und die Dehnung sollte sofort wieder etwas zurückgenommen werden, bis sich eine Schmerzfreiheit einstellt.

Wir sollten auch nicht durch Wippen oder Nachfedern dehnen, da dann eine Überdehnung schwer auszuschließen ist. Wir gehen durch tiefes, gleichmäßiges Atmen in die Dehnung, und wenn wir in einer bestimmten Position nicht tief und gleichmäßig atmen können, wenn wir merken, daß wir entweder stoßweise atmen oder gar die Luft anhalten, dann ist dies ein deutlicher Hinweis, daß wir mit zuviel Kraft und Willen dehnen. Wir fallen durch unsere tiefe, regelmäßige Atmung immer tiefer in die Dehnung hinein und lassen einfach geschehen, was geschieht.

Die Körperübungen sollten zu Beginn etwa eine Minute lang gehalten werden. Später kann der Zeitraum auf fünf Minuten verlängert werden.

2 *Der Atem*
Pranayama

Im Grunde gibt es im Yoga und der Chakren-Arbeit zwei unterschiedliche Atemtechniken: Einmal der konzentrierte, bewußte Atmungsvorgang, und zum anderen das Atemanhalten. Das Atemanhalten soll gemäß der Yoga-Literatur zu PSI-Phänomenen führen, was ich allerdings derart vereinfacht gesehen nicht glaube. Es wird auch oft geschrieben, der Atem wirke auf die Kundalini: Ich glaube nicht, daß das tiefe Atmen oder ein bestimmter Atemrhythmus ALLEIN irgendeine Wirkung auf die

Kundalini ausübt und als Fahrzeug für höheres Bewußtsein gebraucht werden kann. Um den Atem im Yoga und der Chakren-Arbeit wirksam werden zu lassen, bedarf es seiner Einbettung in ein ganzheitliches Bewußtseinssystem von Körperübungen und emotionalen und geistigen Entwicklungsschritten.

Ich gehe hier nicht auf die Technik des Atemanhaltens ein, da sie, wenn sie nicht sehr vorsichtig und dosiert geübt wird, die Gefahr gesundheitlicher Schäden in sich birgt. Ich benutze bei meiner Chakren-Arbeit nur die bewußte, konzentrierte Atmung ohne längeres Atemanhalten. Im Tibetischen werden diese Atemübungen ‹das Reiten auf dem Pferd des Atems› genannt, was andeutet, daß nach einiger Zeit der Atem wie von alleine läuft und sich das Gefühl des Geatmet-Werdens einstellt.

Ob man nun in seinen Bauch oder in die Brust atmet, hat beides seine Vor- und Nachteile. Die Bauchatmung kann die Gedanken beruhigen und hervorragend erden, die Brustatmung läßt die Energien spürbar aufsteigen. Die vollständige Yoga-Atmung atmet sowohl in die Brust wie auch in den Bauch hinein.

Der tiefe regelmäßige Atem dient uns als Werkzeug der Entspannung und dort, wo wir Widerstände in unserem Körper bemerken, leiten wir unseren Atem hin. Falls durch dieses Atmen die Widerstände und Verspannungen nicht auflösbar sind, dann hören wir mit dieser Übung auf und atmen entspannt auf dem Rükken liegend mit verbundenem Atmen wie beim Rebirthing, wodurch sich oft gerade diese angespannten und schmerzenden Stellen in Zuckungen entladen und die Energie sich wieder gleichmäßig im Körper verteilt.

Es kommt bei all diesen Übungen auf ein natürliches Atmen an, das heißt, daß du gemäß deines dir angenehmen Atemrhythmus atmest und dich in kein bestimmtes Atemschema zwingst. Auch beim verbundenen Atmen des Rebirthing zwinge dich nie in die Hyperventilation hinein. Wenn sie für dich nötig ist, dann wird dich schon dein Körper selbst zur Hyperventilation führen.

Unser Energieniveau hängt von unserer Atmung ab, und im Grunde unsere gesamte Art, wie wir im Leben stehen.[1] Wenn wir bei den folgenden Übungen regelmäßig von unserer natürlichen Atmung ausgehen, dann werden sich unbewußt, ganz von selbst auch unsere Atemgewohnheiten ändern.

Das natürliche Verhältnis von Ein- zu Ausatmen gibt dein Verhältnis zu Geben und Nehmen, zum Zurückhalten und Loslassen wieder.

Hast du schon bemerkt, daß Aggression asthmatisch macht? Dir bleibt die Luft weg.

Setze dich nun einfach mit möglichst gerader Wirbelsäule hin, schließe deine Augen, laß die Handrücken auf deinen Knien ruhen, bringe Zeigefinger und Daumen zusammen und strecke die anderen Finger aus (Inana Mudra). Atme etwa fünf Minuten lang in deinem natürlichen Rhythmus und beobachte deinen Atem dabei, ohne ihn zu verändern und kontrollieren zu wollen.

Wo treten Widerstände auf?
Welche Gefühle steigen in dir auf?

Anmerkung zu dieser Übung: Dein Zeigefinger symbolisiert deine persönliche Seele und dein Daumen die universelle Seele (denk über die Wichtigkeit des Daumens in der Evolution zum Menschen nach...). Durch den Fluß des Atmens schließt du den Kreis des Austausches zwischen individueller und universeller Seele.

Durch den Fluß des Atems steigen Gefühle auf, die du sonst blockierst. Schaue dir diese Gefühle an.

Die vollständige Yoga-Atmung schließt Bauch-, Brustkorb- und Schlüsselbeinatmung ein. Kümmere dich zu Beginn wenig darum, finde erst deinen eigenen Atemrhythmus, denn er ist es, der dich in die Harmonie bringt, genau wie er ein Gleichgewicht zwischen Basen und Säuren in deinem Körper schafft.

3 *Der Geist-Aspekt*

Die einzig authentisch überlieferte Quelle des Yoga, das Yoga-Sutra des PATANJALI[4] sagt:

> «*Yoga chitta vritti niroddah*»
> Yoga löst auf, wovon uns der Kopf brummt

Das heißt für mich nicht, wir dürfen jetzt nicht mehr denken. Denken und Intellektualität sind ein Teil des Geistesaspektes und spiegeln genauso auf ihre Weise ‹Gott› wider wie zum Beispiel das Fühlen. Für mich steckt in diesem Ausspruch Patanjalis eine Aufforderung, unser Denken ernster zu nehmen, uns des Denkens mehr bewußt zu sein, so daß wir es auch – wo unnötig – abschalten können. Uns brummt der Kopf, wenn wir unser Denken einfach so unkontrolliert dahinlaufen lassen wie Hintergrundmusik im Supermarkt. Die absolute Bewußtheit des Denkens, die zentrierte Aufmerksamkeit läßt unsere Betrachtungsweise immer unpersönlicher werden und führt letztendlich zum «DON'T GET ATTACHED»-Zustand, in dem die Wirklichkeit gesehen wird, so wie sie ist, und schon allein durch diese Haltung werden Spannungen in Körper, Seele und Geist abgebaut.

Alle die von mir vorgeschlagenen Übungen haben einen Meditationsanteil und arbeiten mit Affirmationen beziehungsweise Visualisierungen.

Die Meditation ist das Loslassen des Intellektes. Erinnere dich, was ich vorher über das Prinzip des Merkur gesagt habe.

Schaue dir in der Meditation an, was hochsteigt. Betrachte es, ohne es zu halten, ohne dich damit zu identifizieren. Diese Art der Meditation bietet die große Chance, von der Lichtseite her die Schattenseite zu betrachten. Was ist denn deine Schattenseite?

Im Grunde ist es alles das, was du an dir nicht leiden kannst. Und sicherlich wird das in der Meditation hochkommen. Schaue es dir einfach an und akzeptiere es.

Eine andere Art der Meditation ist die auf ein Thema, auf ein

Symbol. Mit dieser Art der Meditation werden alle die Übungen zu den Chakren anfangen. Laß deine Assoziationen laufen; alles was kommt, ist richtig.

Es geht zum Beispiel bei den Tarot-Meditationen nicht darum, daß du die mystische Kabbala verstehst. Genau dann würdest du wenig über dich selbst verstehen. Achte darauf, was in dir durch das archetypische Bild anklingt. Es geht hier nicht um oberflächliches Wissen, es geht um dich!

Die drei üblichen klassischen Meditationstechniken im Chakren-Yoga sind:

1. Sich bei geschlossenen Augen auf das AJNA-Chakra zu konzentrieren und beim ‹Wegschwimmen› immer wieder die Konzentration auf den Punkt zurückzuführen.
2. Mit halbgeöffneten Augen – eine Art Blinzeln – auf die eigene Nasenspitze zu schauen und sich dem Rhythmus des Atems zu überlassen.
3. Mit offenen Augen den Blick starr zu fixieren.

Mindestens ab und zu solltest du eine dieser Techniken anwenden und deine Erfahrungen damit machen. Physiologisch verstärkst du damit die Aktivität deiner Hypophyse, und die bewirkt eine Harmonisierung deines Hormonhaushaltes.

Am Ende der Übungen zu den einzelnen Chakras findest du Affirmationen. Die Benutzung von Affirmationen stammt ursprünglich aus dem tantrischen Buddhismus[2], und ihr Sinn liegt darin, eine vom positiven Denken geprägte Botschaft an mich selbst zu verinnerlichen.

Marcus ALLEN und Shakti GAWAIN[3], die beide befreundet sind, haben jeder in klarer Weise in ihren Büchern Grundregeln für Affirmationen aufgezeigt, die ich hier kurz zusammenfassen möchte:

Eine AFFIRMATION sagt entschieden aus, daß etwas jetzt schon so ist, wie ich es mir wünsche.

Eine AFFIRMATION ist immer einfach und positiv formuliert und kann leise, laut oder still in der Meditation gesagt werden. Bei mir wirken Affirmationen meistens erst, wenn ich sie aufgeschrieben habe.

Affirmationen sollten gefühlsmäßig geladen sein, das heißt, sie müssen emotional wichtig für dich sein.

Die Arbeit mit Affirmationen ist also eine selbstgewählte Programmierung, die davon ausgeht, daß alles zuerst, bevor es sich manifestiert, auf der geistigen Ebene erschaffen wird. Und genau diese Auffassung prägt den Tantrismus gleich welcher Art.

Wenn wir in unseren Übungen zu den Chakren Affirmationen und Meditationen anwenden, so benutzen wie hiermit kreativ unseren Intellekt und verhindern, daß er uns begrenzt und ein Hemmschuh unserer Entwicklung wird.

4 Der Therapieaspekt

Hier möchte ich nur kurz JIN SHIN JYUTZU anführen, in das mich eine Freundin einführte. Leider wird diese Technik in der BRD «gehütet», was sie mir auch wieder sehr fragwürdig erscheinen läßt. Ich habe allerdings selbst an mir gespürt, daß diese Technik «funktioniert» – selbst unter ungünstigen Umständen. In meiner Chakren-Arbeit benutze ich sie regelmäßig.

Das Jin Shin Jyutzu bezieht sich auf 26 Körperpunkte, denen allen eine spirituelle Bedeutung zugesprochen wird. Als Behandelnder beziehungsweise Sich-selbst-Behandelnder verbindet man immer in bestimmter Reihenfolge mit der rechten und der linken Hand zwei dieser Punkte. Da die rechte Hand positiv geladen ist (Yang, gebend) und die linke negativ (Yin, nehmend) kommt zwischen den beiden verbundenen Punkten ein Kraftstrom zustande, der selbst subtil, oft traumhaft Probleme anspricht und löst.

Nach meinen Experimenten in England mit dieser Technik bin ich auch hier wieder von den ursprünglich 26 Punkten abgewichen und arbeite hauptsächlich mit den sieben Chakren und der Nasenspitze. In der «Kleine Mittellinie» genannten Griffkombination gibt es auch im klassischen Jin Shin Jyutzu Ansätze zu dieser Art der Arbeit.

Im folgenden Übungsteil werden immer die entsprechenden Griffe zu den einzelnen Chakren genau beschrieben. Vielleicht findest du ja auch eigene Griffe heraus; deiner Kreativität sind da keine Grenzen gesetzt.

Die Benutzung von Mantren in der Chakren-Arbeit sehe ich auch unter dem Therapieaspekt, denn im Mundraum gibt es unzählig viele Akupunkturpunkte, die beim Aussprechen von Mantras in verschiedener Kombination stimuliert werden. Wenn ich ein Mantra laufen lasse (es immer wieder wiederhole), dann rege ich fortwährend bestimmte Akupunkturpunkte an, und das wirkt wie eine Akupressur- oder Akupunkturbehandlung.

In der klassischen Chakren-Arbeit beginnt man die Übungen stets mit der dreimaligen Intonation des Mantras

ONG NAMO GURU DEV NAMO

(so wird es ausgesprochen).

5 *Vorbereitung der Übungen*

Für mich beginnt die Vorbereitung der Chakren-Arbeit mit dem Aufräumen meines Zimmers. Ich habe das Gefühl, wenn ich mein Zimmer aufräume und säubere, dann ordne und reinige ich auch mich. Danach wasche ich mich und ziehe mir häufig andere, bequemere Kleidung an. Auf alle Fälle achte ich darauf, daß ich etwa für eine Stunde auf gar keinen Fall gestört werde. Ich selbst arbeite an meinen Chakren immer in absoluter Ruhe – was hier auf dem Lande auch leicht ist. Bei Workshops in den Städten benutze ich leise, meditative, meist klassische Musik, die den Verkehrslärm etwas übertönt.

Ich selbst arbeite abwechselnd einmal morgens und am nächsten Tag abends, da beides seine Vor- und Nachteile hat. Morgens ist der Körper noch relativ steif, aber der Kopf dafür relativ leer; ich fühle mich ruhiger, ausgeruhter und bekomme die Kraft für den ganzen Tag. Abends dagegen bin ich viel beweglicher, aber oft auch unkonzentrierter. Ich liebe es, den Arbeitstag mit den Übungen abzuschließen.

Beende ich den Arbeitstag mit den Übungen, dann lasse ich in einer abschließenden Meditation den gesamten Tag rückwärts vor mir ablaufen und mache mir noch einmal meine Gefühle, Stimmungen, Erfolge und Mißerfolge klar.

Es gibt allerdings auch gewichtige Gründe, immer zur exakt gleichen Zeit die Yoga-Übungen zu machen. Um mit der Sprache der modernen Verhaltenspsychologie zu reden, konditioniert man sich hierbei auf einen ‹Yoga-Zustand›, der sich immer zur gleichen Zeit wieder einstellt und durch den Yoga selbst wieder verstärkt wird. Somit wird eine immer höhere Konzentration und Entspannung zu einer bestimmten Zeit konditioniert. Macht man täglich zur gleichen Zeit Yoga und Chakren-Arbeit, kann man mit einer schon aufgebauten hilfreichen Grundhaltung rechnen.

Man sollte sich bei den Durchführungen der Asanas nach den tibetischen Ansichten zum Yoga auch immer wieder auf die gleiche Stelle setzen. Das ist die Konditionierung des Ortes. Im Pranayama tritt noch die Konditionierung auf eine bestimmte Körperhaltung auf – meist der Lotos- oder der Halblotos-Sitz.

Ich nehme mir immer nur die Arbeit an einem Chakra pro Sitzung vor, was ich dir auch empfehlen möchte. Wenn ich an mehreren Chakren pro Sitzung arbeite, geht es auf Kosten der Tiefe.

Frauen sollten einen Monat lang nach der Schwangerschaft keine Asanas üben, können aber alle anderen Übungen gut durchführen. Während der Menstruation sollten keine Asanas geübt werden, bei denen der Unterkörper nach oben gestreckt wird, auch intensive Bauchatmung sollte vermieden werden.

Da es hier nicht unser Ziel ist, die Kundalini zu heben, braucht auch nicht die absolute sexuelle Abstinenz eingehalten zu werden.

6 *Wie du die Übungen ausführen solltest*

Zu dem bis jetzt Gesagten führe ich noch einige Tips in Stichworten an:
leicht hungrig,
Gesicht gen Osten oder zur Lichtquelle beziehungsweise zum Fenster hin, bewege dich immer rechts herum, diese Bewegung entspricht der Hauptbewegung unseres Sonnensystems, erzwinge nie etwas.

Du kannst diese Reihe noch selbst endlos fortführen und aufschreiben, was für dich wichtig erscheint. Das wechselt auch! Also viel Spaß…

Es steht nun viel erklärt, und den Übenden kann nichts besser beschützen, auf dem ‹richtigen› Weg zu bleiben, als daß ihm der Sinn und Zweck dieser Übungen nun klar vor Augen steht.

Anmerkungen

1 Vgl. dazu genauer: Selby, John: Natürlich atmen, Basel 1984
2 Vgl. hierzu genauer das sehr schöne Buch von Allen, M.: Tantra im Westen, Laufenburg 1982
3 Gawain, Shakti: Stell Dir vor, Basel 1984, bes. S. 38ff.
4 Zu Patanjali: Die Wurzeln des Yoga, die Yoga-Sutren des Patanjali, Bern, München, Wien 1976. Folgt der Übersetzung von Bengali Baba, Poona 1949

Die Übungen zu den sieben Chakren

1 Wurzel-Chakra *Muladhara*

Ich beginne mit der Meditation auf die Tarot-Karte Nr. III «Die Herrscherin».[1]

Nach dieser Meditation gehe ich zu jeder Art der Erdungsübungen über, die mir gerade in der Situation einfallen.

Sehr bewährt hat sich für mich eine Sprungübung, bei der ich bequem und gerade auf meinen Hacken sitze, Fuß und Schienbein voll auf der Erde ruhend. Ich stelle mir einen Punkt etwa 30 cm vor mir auf dem Boden vor und visualisiere dann, daß ich gleich auf diesen Punkt springen und mit beiden Füßen voll aufkommen werde. Durch die Kraft der Erde unter meinen Füßen erhebe ich mich dann langsam aus der Hocke, bis ich gerade und aufrecht stehe. (Abb. 8 u. 9) Wenn ich das Bild und den Bewegungsablauf klar vor meinem inneren Auge habe, führe ich ihn durch.

Die Energie zum Hochschnellen aus dem Meditationssitz ziehe ich aus dem Muladhara-Chakra. Diese Erdungsübung hat weniger mit Kraft als mit dem Vertrauen zu tun, daß ich mit beiden Fußsohlen sicher auf dem Boden aufkommen werde. Es geht hier hauptsächlich um die Überwindung von Angst und der eigenen Hemmungen, die sich in der Art zeigen, wie ich mich körperlich zurückhalte. Achte zum Beispiel auf deine Arme: Vertrauen sie deinem Körper, oder wollen sie sich abstützen?

Es ist normal, daß erst nach einigen Versuchen diese Übung gemeistert wird.

Wenn du nach dieser Übung aus der Hocke hochgekommen bist und gerade stehst, dann halte die Augen geschlossen, atme tief und regelmäßig in dein MULADHARA-Chakra und stelle dir vor, daß deine Füße Wurzeln in die Erde austreiben, daß die Energien vom MULADHARA-Chakra zum Mittelpunkt der Erde fließen und von dort wieder zurück.

Zur nächsten Übung setze dich auf den Boden, die Beine mit durchgedrückten Knien vor dir ausgestreckt, und versuche, deinen Rücken gerade zu halten. Am besten ist es, wenn du das mit einem Spiegel kontrollieren kannst, den du ein wenig seitlich entfernt von dir auf den Boden stellst. Wenn du öfters deine Haltung derart kontrollierst, bekommst du ein gutes Gefühl für eine gerade Haltung.

Dann knicke das linke Bein nach hinten ein und halte das rechte Bein ausgestreckt. Beuge dich dann langsam mit geradem Rücken beim Ausatmen zum ausgestreckten Bein / Fuß hinunter. Die Bewegung kommt unten aus deinem MULADHARA-Chakra. Halte dich dann mit deinen Händen an deinem Fuß oder Bein fest und atme tief und entspannt, indem du etwa 60 Atemzüge lang in dieser Position verharrst. Löse dann deine Hände langsam, komme zurück und führe den gleichen Bewegungsablauf zur anderen Seite durch.

Wenn du diese Übung gut beherrschst, daß du ohne Anstrengung mit deinen Fingern deine Fußsohlen berühren kannst, dann drücke vornüber gebeut in der Entspannung Punkte, zu denen dich deine Finger auf deiner Fußsohle führen. Bei den Punkten, die sich unangenehm anfühlen oder gar schmerzen, verweile länger.

Danach ruhe dich auf dem Rücken liegend aus und horche in deinen Körper. Spüre den Fluß der Energien.

Die Ruhephase sollte etwa genau so lange wie die Übungsphase sein und im Grunde genauso aktiv: Indem du alles zuläßt, was geschieht, wirst du viel in deinem Körper spüren, Gedanken und Gefühle werden auftauchen, aber halte sie nicht. Laß sie gehen. Am Ende dieser Ruhephase atme für

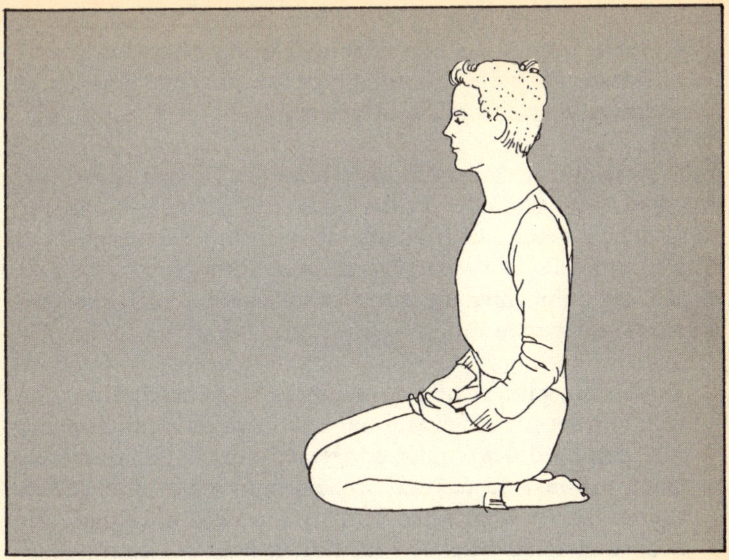

Abb. 8 Fersensitz

Abb. 9 Hocke

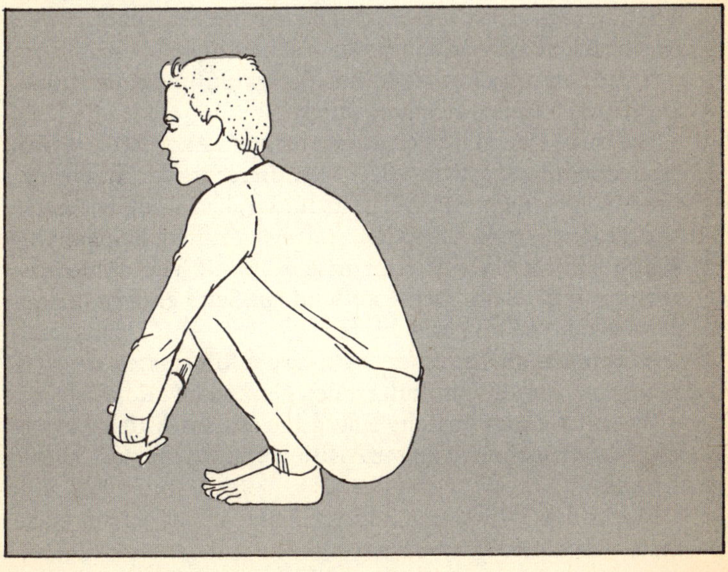

etwa eine halbe Minute in deinem eigenen Rhythmus und schließe beim Ausatmen jedesmal deine Anusmuskulatur und lasse sie beim Einatmen wieder los. Lege eine kurze Atempause nach dem Ausatmen ein.

Zum Abschluß der Körperübungen führe den Drehsitz – Ardha-Matsendraasana oder Twist – aus. Dies ist eine klassische Yoga-Asana, deren Beschreibung du auch in jedem Yoga-Buch finden wirst. Es gibt verschiedene Ausführungsformen dieser Asana. Ich führe hier die zur Aktivierung des Muladhara-Chakras geeignetste an.

Diese Übung ist leichter auszuführen als zu beschreiben. Sie geht von der sitzenden Stellung aus, beide Beine sind wieder mit durchgedrückten Knien gerade vor dir ausgestreckt. Dann nimmst du das rechte Bein zurück und kreuzt den echten Fuß über das linke Bein etwa in Höhe des Knies. Der Fuß steht flach parallel zum linken Bein auf dem Boden. (Abb. 10)

Nun schau, ob du immer noch gerade sitzt und achte besonders darauf, wie du die Erde, den Boden unter dir spürst. Beide Arschbacken müssen den Boden fest berühren.

Atme tief in das Muladhara-Chakra ein, und beim Ausatmen führe folgende Drehung durch:

Die linke Hand faßt bei ausgestrecktem Arm den Knöchel des rechten Fußes, wobei der Oberarm rechts der Kniebeuge verläuft. Die rechte Hand greift hinter dem Rücken soweit wie möglich zum Oberschenkel des rechten Beines. Die Schulterpartie verläuft jetzt in einer Linie wie das ausgestreckte linke Bein. Der Kopf wird zur Seite gedreht, damit der Blick diese Linie nach hinten fortführt. (Abb. 11) Kapiert?

Es kommt dabei zu einer Drehung des Rückgrates, die vom Kreuzbein ausgeht und zuletzt den Nacken und Kopf erfaßt.

Wenn du derart gedreht bist, atme tief ins Muladhara-Chakra, entspanne in dieser Position und schaue, was hinter dir steht.

Mache diese Übung zur anderen Seite hin und schaue abermals, was hinter dir steht.

Siehst du etwas anderes hinter deiner linken und deiner rechten Schulter? Fühlst du dich verschieden auf den beiden Seiten?

Wenn du in die Ausgangsposition zurückgegangen bist, dann laß deine Finger erst über die rechte, dann über die linke Fußsohle wandern, achte besonders auf die Innenseite der Füße, drücke dort relativ stark.

Es ist nicht wichtig, daß du die Reflexzonenpunkte kennst, das lenkt dich nur von deinen eigenen Empfindungen ab.

Ganz am Ende fasse deine beiden großen Zehen an, dies ist ein Griff, der nach dem Jin Shin Jyutzu Seelenfrieden bringen soll. Ich bemerke bei diesem Griff immer eine große, tiefe Beruhigung.

Danach lege dich flach auf den Rücken, entspanne, die Arme liegen neben deinem Körper. Achte auf deine Gefühle...

Langsam drehst du dich auf deine linke Seite und legst deine rechte Hand von hinten auf das Ende deiner Wirbelsäule in die Gegend des Steißbeines, und die linke aufs Svadisthana-Chakra, vorne etwa dort, wo die Schamhaare ansetzen. Atme tief und spüre den Körperfluß. Stell dir vor, die pulsierenden Energien, die du unten im Körper spürst, werden mächtig hochgezogen.

Du beschließt die Übungen zum Muladhara-Chakra mit der Affirmation

Ich stehe fest mit beiden Beinen im Leben,
das ich imaginativ und liebevoll gestalte.

Für diejenigen unter euch, die sich in den astrologischen Prinzipien auskennen, sei hier noch angemerkt, daß es sich bei den Übungen zum Muladhara-Chakra um die Achse Krebs–Steinbock handelt. Alle gestaltastrologisch Interessierten mögen einmal auf die Übereinstimmung der vier Lotosblätter dieses Chakras mit den vier Mondphasen (Vollmond, ¾ Mond, Neumond, ¼ Mond) meditieren.

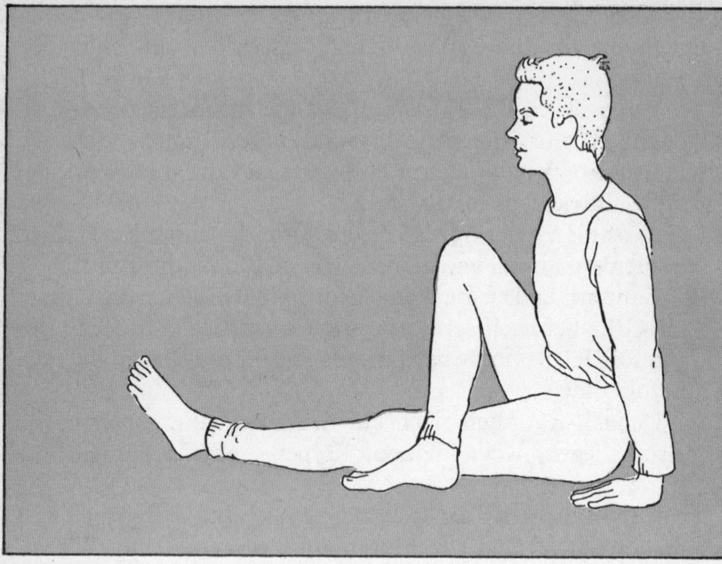

Abb. 10 und 11 ARDHA-MATSENDRAASANA-Drehsitz, 1. und 2. Phase

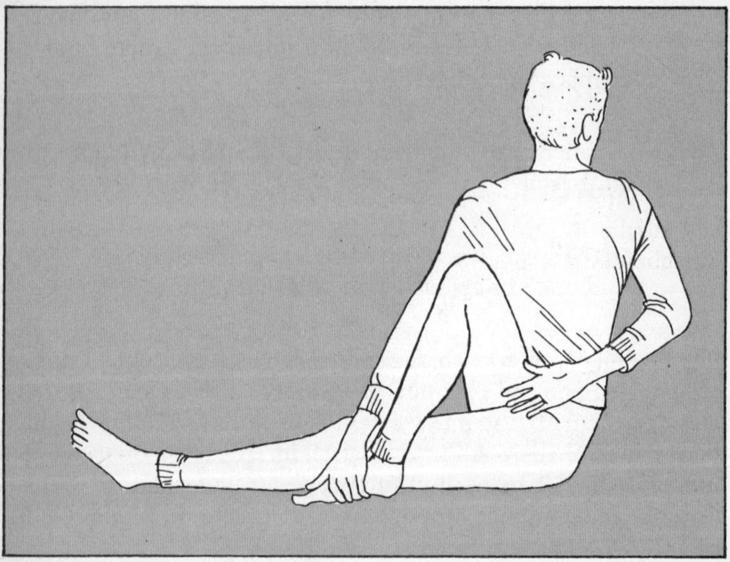

Wer künstlerisch diese Energien umsetzen möchte, beginne mit folgender Visualisierung, die er/sie auch in einem Bild umsetzen kann (ich arbeite dabei mit Aquarellfarben): Stelle dir ein Quadrat vor, das du langsam in einen Würfel übergehen läßt. Dieser Würfel liegt genau vor deinem Gesicht. Wenn du diesen Würfel klar siehst, dann stelle dir vor, daß er durch deine Atmung sich langsam in eine strömende, nebelhafte, würfelartige rote Form verwandelt. Bringe diese Form im Raum zum Tanzen. Nun male dieses Bild.

2 *Sakral-Chakra*
SVADISTHANA

Mit dem SVADISTHANA-Chakra wird astroligisch gesehen die Achse Stier–Skorpion angesprochen, und damit befinden wir uns im Bereich der Sexualität.

Die gestaltastrologisch Interessierten mögen auf das Venus-Hexagramm meditieren (obere und untere Konjunktion der Venus mit der Sonne im Tierkreis) und seine Beziehung zu den sechs Lotosblättern hier.

Wir beginnen die Übungen zu diesem Chakra mit einer Meditation auf die Tarotkarte VI «Die Liebenden», auch bisweilen «Die Entscheidung» genannt.

Nach dieser Meditation, für die wir uns mindestens eine Viertelstunde Zeit nehmen sollten, beginnen wir mit der ersten Körperübung. Wir legen uns entspannt auf den Rücken und spüren, wie der Körper auf dem Boden aufliegt. Danach ziehen wir die Knie an, so daß die Füße voll auf dem Boden stehen, und heben und senken langsam im Rhythmus der Atmung den Rücken Wirbel für Wirbel, bis wir nur noch mit den Füßen, den Schultern und dem Kopf eine Berührung mit dem

Boden haben. Bei dieser Übung konzentrieren wir uns auf das SVADISTHANA-Chakra, in das wir tief mit einer kurzen Pause nach dem Ausatmen hineinatmen. (Abb. 12)

Diesen Übungsablauf führen wir etwa fünfmal durch, und danach entspannen wir, indem wir von der Ausgangsstellung ausgehend die Fußsohlen aneinander legen und die Knie einfach ohne Anstrengung nach links und rechts auseinanderfallen lassen.

Die nächste Übung wird oft «Der Schmetterling» genannt. Du sitzt auf dem Boden und legst deine Fußsohlen aneinander. Die Fersen bringst du so nahe wie möglich an deinen Körper. Atme ein und strecke deinen Rücken dabei, daß er vollständig gerade ist. Dabei wird die Brust etwas gehoben und herausgestreckt. Dann wippe mit deinen Knien auf und ab mit dem Rhythmus deiner Atmung. (Abb. 13) Konzentriere dich auf das SVADISTHANA-Chakra und versuche während der gesamten Übung, deine Konzentration dort zu halten. Führe diese wippende Bewegung einige Zeit lang durch, und du beendest diese Übung, indem du dich beim Ausatmen nach vorne deinen Füßen entgegenbeugst und dann beim Einatmen langsam wieder in die Ausgangsposition hochkommst.

Danach lege dich auf den Rücken und atme tief und regelmäßig, spüre den Energiefluß im unteren Teil deines Körpers.

Du kannst bei dieser Übung auch gut mit deinen beiden Daumen Punkte an der Innenseite deiner beiden Füße drükken. Probiere es selbst aus. Im Rist deiner Fußinnenseite liegt zum Beispiel als wichtigster Akupunkturpunkt SP 4 (Wirbelsäule 4), aber mache dich selbst auf die Suche.

Anschließend – nach genügender Entspannung – knie dich wieder hin und sitze auf deinen Hacken, lege die Hände auf deine Knie. Atme tief ein, drücke dabei deinen Rücken konkav (nach vorne) durch, wobei du deine Brust etwas hebst und mit herausdrückst. (Abb. 14) Beim Ausatmen biege deinen Rücken in die entgegengesetzte Richtung (konvex) und laß dabei deinen Kopf entspannt nach vorne fallen. (Abb. 15) Kon-

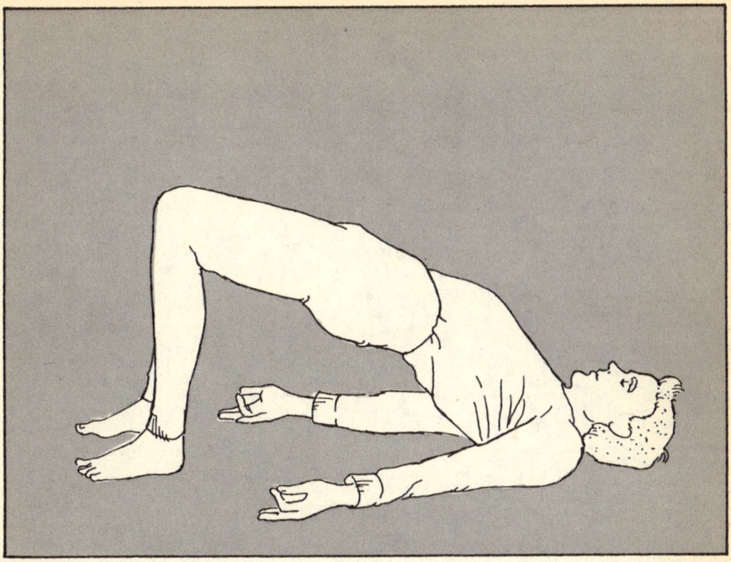

Abb. 12 Lockerung der Rückenwirbel

Abb. 13 Der Schmetterling

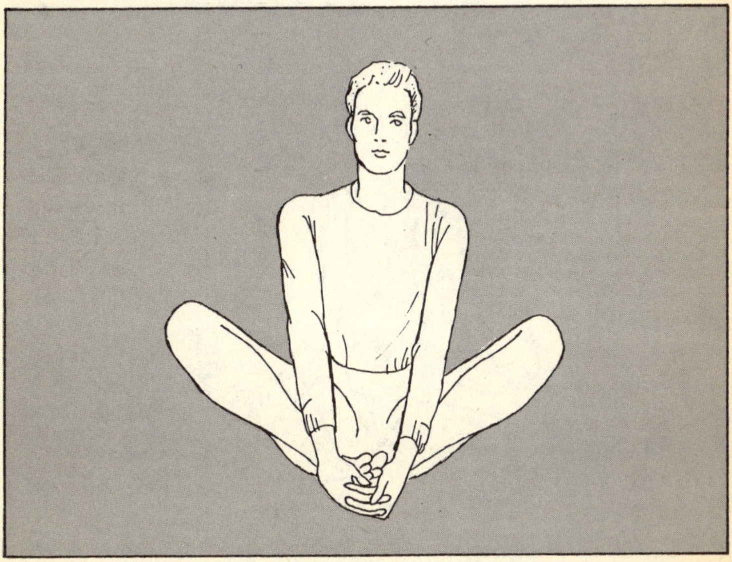

Abb. 14 und 15 Rückenübung, 1. und 2. Phase

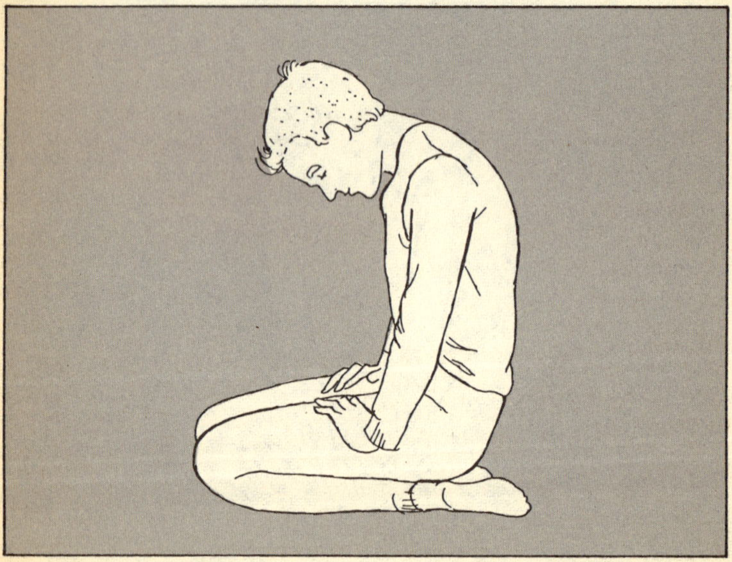

zentriere dich dabei voll auf dein Sakral-Chakra und versuche die Konzentration in diesem Punkt zu halten.

Führe diese Übung etwa eine bis zwei Minuten lang aus, wobei du die Geschwindigkeit der Bewegung von konkaver zu konvexer Rückenbeugung leicht steigerst. Danach entspanne dich tief im Liegen.

Als nächste Übung kommen wir zur «Katzenposition». Wie eine Katze stehen wir auf unseren beiden Händen – mit durchgedrückten Ellenbogen – die Finger zeigen nach vorne und den beiden Knien auf dem Boden. Der Rücken ist gerade parallel zum Boden, der Kopf leicht gehoben.

Wir atmen in dieser Stellung tief ein und aus mit einer kurzen Atempause nach dem Ausatmen und ziehen unseren Atem dabei in das SVADISTHANA-Chakra. Wenn wir dieses Chakra deutlich spüren, sei es nun durch Wärme, Pulsieren oder wie auch immer – die Empfindungen sind subjektiv sehr verschieden –, dann halten wir unsere Konzentration dort und biegen beim Einatmen unseren Rücken so weit wie möglich nach oben, machen ihn ganz rund und lassen den Kopf entspannt fallen. (Abb. 16) Beim Ausatmen biegen wir unseren Rücken konkav nach unten gegen den Boden durch und nehmen dabei unseren Kopf so weit wie möglich nach hinten. (Abb. 17) Indem wir die Konzentration auf dem Sakral-Chakra halten, bewegen wir uns wie beschrieben im Rhythmus unseres Atems. Dabei machen wir besonders nach dem Ausatmen eine kurze Atempause und fühlen nach, ob wir ein leichtes Strömen im SVADISTHANA-Chakra empfinden.

Diesen Bewegungsablauf führen wir zu Beginn etwa drei Minuten lang durch, später können wir ihn auf fünf Minuten ausdehnen. Je länger wir ihn durchführen, um so deutlicher können wir ein Strömen im Sakral-Chakra besonders in der anschließenden Entspannung spüren.

Nach dieser Übung legen wir uns flach auf den Rücken und entspannen. Wir halten dabei weiterhin unsere Konzentration auf das SVADISTHANA-Chakra und beobachten unsere Atmung, ohne sie auch nur irgendwie zu beeinflussen.

Abb. 16 und 17 Katzenposition, ein- und ausgeatmet

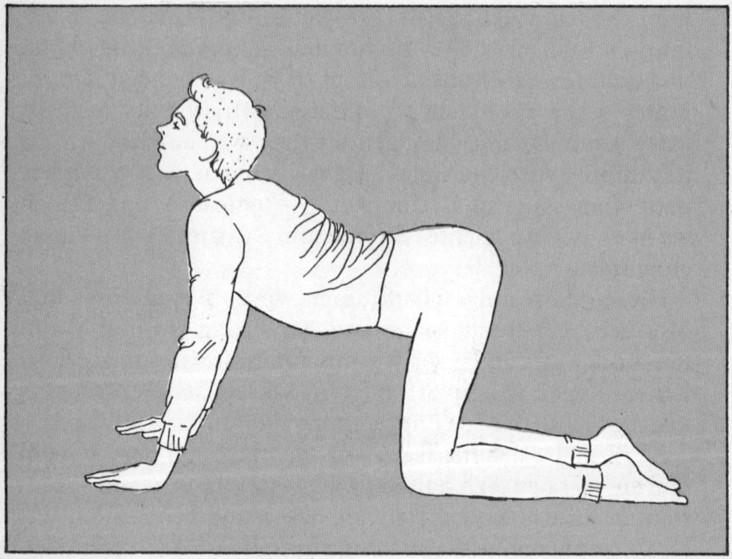

Ganz vorsichtig lassen wir langsam in diese Entspannung die Frage einfließen:

Bin ich hingabefähig?

Lasse ich mich auf andere ein?

In der Entspannung mit dem Hauch dieser Fragen im Bewußtsein lasse ich mich tiefer und tiefer fallen und versuche, keinerlei Widerstand zu bieten. Falls Angst aufkommt, akzeptiere ich sie.

An einem bestimmten Punkt wirst du schon allein entscheiden, Schluß zu machen. Gehe aus dieser Entspannung hinaus, indem du dich reckst und streckst und eventuell dabei gähnst. Gähnen erzeugt immer eine tiefe Entspannung.

Falls du Lust hast, schreibe in dein Tagebuch, was du erlebt hast.

Dann stelle dich hin, bringe deine Füße etwas über schulterbreit parallel auseinander, lege die Hände auf deine Oberschenkel und suche dir einen Fixpunkt in Augenhöhe. Beim Einatmen ins SVADISTHANA-Chakra rolle energievoll dein Becken nach hinten (Abb. 18) und beim Ausatmen schiebe es mit aller Energie nach vorne. (Abb. 19) Halte deine Konzentration auf den Sakralbereich fixiert und mache eine kurze Pause, wenn du mit deinem Becken völlig vorne bist, ehe du wieder beim Einatmen zurückgehst. Achte bei dieser Übung auf eine gute Erdung. Nachdem du diese Übung für etwa drei Minuten konzentriert gemacht hast, wende dich direkt anschließend ohne Pause der weiblichen Bewegung zu: Diesmal stellst du deine Füße schulterbreit auseinander und beugst ganz leicht deine Knie. Nun drehe dein Becken erst sanft und dann immer energetischer, so daß es einen Kreis parallel zum Boden beschreibt. Kreise dein Becken in beide Richtungen und atme im Rhythmus der Beckenbewegung. Finde deinen eigenen Rhythmus und halte die Konzentration im Sakralbereich.[2]

Es mag dir auch dabei helfen, wenn du einen orangefarbenen, warmen Punkt während der Übungen im SVADISTHANA-Chakra visualisierst. Dies bedarf jedoch einiger Übung und sollte zuerst ohne eine körperliche Übung gelernt werden.

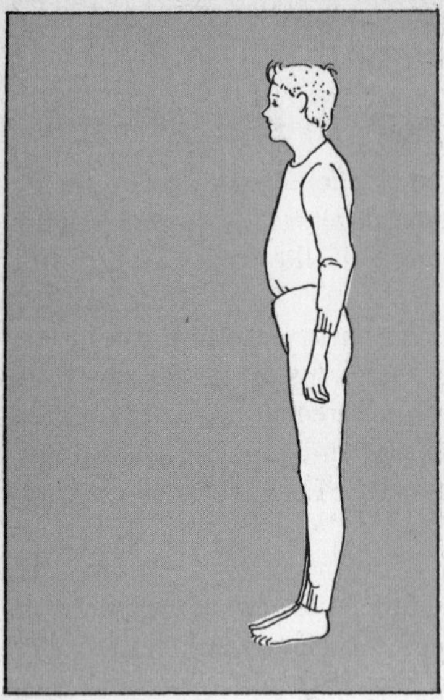

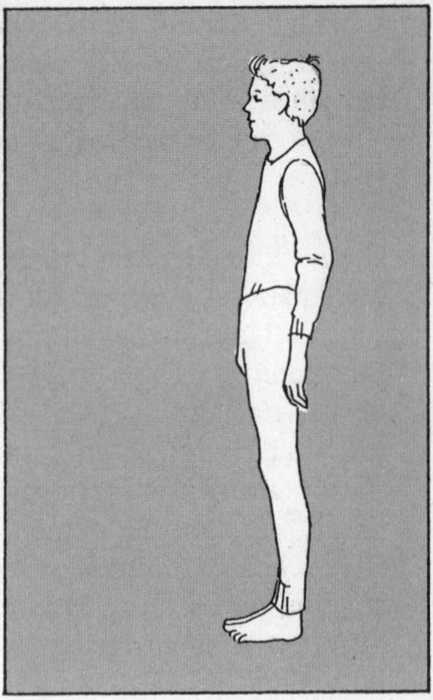

Abb. 18 und 19
Beckenübung, 1. und 2. Phase

Wenn du das einmal kannst, hilft es jedoch sehr, die Konzentration im Sakral-Chakra zu halten.

Danach lege dich wieder flach auf den Boden auf den Rükken und beobachte deinen Atem. Nach einigen Minuten tiefer Entspannung lege deine linke Hand aufs SVADISTHANA-Chakra, die rechte auf das SAHASRARA-Chakra. Atme tief und verharre einige Minuten in dieser Stellung.

Danach gehe langsam dazu über, deine Hände zu massieren – die alten Yoga-Sutras verbinden das Sakral-Chakra mit den Händen, und besonders die Innenseite deiner Hände ist mit dem Sakralplexus direkt verbunden. Suche Punkte, die schmerzen, und verweile eine Zeitlang dort, drücke und massiere, bis der Schmerz sich verändert.

Im roten Tantra wird das Sakral-Chakra oft mit folgender Übung erweckt: Man trinkt auf nüchternen Magen ein Glas Wasser, wartet dann etwa eine Stunde (bis man einen deutlichen Harndrang spürt) und leert die Blase, wobei man den Harnstrom immer wieder dabei anhält. Wenn man dies eine Zeitlang praktiziert hat, dann kann man sich auch ohne Harndrang auf den Schließmuskel der Harnröhre konzentrieren (bei Frauen etwas unterhalb der Klitoris, bei Männern am Penisansatz). Bei angehaltenem Atem mit halbgefüllten Lungen kontrahiert und entspannt man dann diesen Schließmuskel.

Diese Übung spricht auch das MULADHARA-Chakra mit an.

Die Affirmation zu diesem Chakra lautet:

Das vollständige Einlassen auf meine Umwelt
gibt mir täglich neue Ansätze zur Veränderung.

Zur künstlerischen Arbeit mit der Svadisthana-Energie visualisiere eine große Pyramide, in der du bequem sitzen kannst. Dann atmest du tief in deinen Bauch hinein und füllst beim Ausatmen diese Pyramide mit einem orangefarbenen Nebel, der Kraftströme und Wirbel in dieser Pyramide bildet. Nun male dieses Bild.

3 *Nabel-Chakra*
MANIPURA

«Die Mitte bringt es offenbar,
Was am Ende ist
Und anfangs war.»

Goethe «West-östlicher Diwan»

Vorweg eine kleine Beobachtung: Da der heilige Georg der Schutzheilige Englands ist, finden wir in der englischen spätmittelalterlichen Malerei und in vielen Kirchenfenstern der englischen Kathedralen die bekannte Abbildung, wie der heilige Georg den Drachen tötet. Schaut man sich diese Bilder genauer an, so erkennt man oft noch seitlich links eine schöne Prinzessin, die den Drachen an einer Art Halsband hält.

Der Drache symbolisiert für mich das Tierische im Menschen, das Wilde und Triebhafte. Die Frau zähmt es zwar, aber sie tötet es nicht – im Gegensatz zum Manne –; typischerweise tötet der Mann als heiliger Ritter Georg den Trieb in sich. Diese Darstellung halte ich für sehr vielschichtig, ich möchte jedem empfehlen, auf diese Abbildung und der dahinterstehenden archetypischen Symbolik einmal zu meditieren.*

Diese sehr ungewöhnliche Steinskulptur wohl aus dem späten Mittelalter in der «St. Margaret's Church» zu Cley-next-the-Sea (Nord Norfolk) zeigt einen positiven Umgang mit dem Tierischen beim Manne. Genau hier ist im Grunde das Wissen um den konstruktiven Umgang mit dem MANIPURA-Chakra als Wohnort des Tierischen im Menschen wiedergegeben. Der Mann als der heilige Georg hat sich mit dieser seiner Seite ausgesöhnt, er braucht sie nicht mehr zu bekämpfen.

Du könntest anhand des Bildes auch darüber meditieren, ob nicht die Umarmung letztendlich tödlicher ist als der Kampf mit Lanze und Schwert...

* Vgl. hierzu das Renaissance-Gemälde von Paolo UCCELLO (1397–1475) «Der heilige Georg und der Drache» (National Gallery, London)

Abbildung 20
St. Georg und der Drache
(nach einer Zeichnung des Kapitells in Cley Church von Susan LESCELLES)

Die Arbeit mit dem MANIPURA-Chakra beginnen wir mit der Meditation auf den Archetypus des Einsiedlers. Dazu hilft uns die Tarotkarte IX «Der Eremit».

Ich habe das Gefühl, daß bei der Arbeit mit dem MANIPURA-Chakra immer besonders starke Kräfte freiwerden. Es ist nicht selten, daß sich hierbei (besonders in der Gruppenarbeit) verdrängte Aggressionen entladen, und dafür können wie sehr dankbar sein.

Um speziell vorbereitet an diese Körperarbeit zu gehen, beginne ich die Arbeit mit einem tibetischen Reinigungsritual.

Dieses Reinigungsritual wird zu dem Mantra

YAMAN TAKA ANT FAT

ausgeführt. Das Mantra hat hierbei unter anderem die Funktion, den Bewegungsablauf zu rhythmisieren. Die Bedeutung des Mantras ist an sich unwichtig, es kommt mehr auf den Klang der Silben an.

Aber da der westliche Geist so semantisch (inhaltlich) fixiert ist, hier eine etwaige Übersetzung von mir: «Der Weg, der Tod, das Ende, das Unaussprechliche».

Im Tibetischen ist YAMANTAKA der gefürchtete Überwinder des Todes. Nach GOVINDA[3] ist YAMANTAKA aber nichts anderes als der barmherzige AVALOKITESVARA, «der in seiner Rolle als Totenrichter (Gewissen) dem irrenden Menschen den Spiegel der Wahrheit entgegenhält».

Zu diesem Mantra YAMAN TAKA ANT FAT streichen wir von den Knöcheln bis zu den Schultern mit unseren beiden Händen an unserem Körper entlang, und bei der Silbe FAT schleudern wir unsere Arme seitlich nach oben. Wir lassen den Rhythmus immer schneller werden und stellen uns vor, daß wir mit FAT all das, was wir an uns nicht leiden können, wegschleudern.

Im Tibetischen führen die Mönche laut Augenzeugenberichten dieses Reinigungsritual bis zum Ausflippen durch – so kannst du es auch machen. Wenn du nun von dem immer schneller werdenden Bewegungsablauf ganz erschöpft bist, dann halte deine Arme oben, schließe die Augen und stelle dir eine leuchtende Kugel über dir vor, in der du alles, was du an dir nicht leiden konntest, hineingesandt hast.

Du schaust dir diese Kugel genau an und beginnst dann langsam mit ihr zu spielen. Deine Arme sind immer noch seitlich nach oben gereckt, und du beziehst die Kraft, sie hoch zu halten, aus deiner Körpermitte, in die du tief, ohne Atempause, hineinatmest.

Nach einer gewissen Zeit des Spielens mit dieser Lichtkugel nimm diese Kugel mit all den Eigenschaften, die du an dir nicht leiden kannst, wieder in dich auf, heiße sie willkommen und lasse deine Arme dabei entspannt herabfallen.

Bleibe noch etwas stehen und spüre mit geschlossenen Augen in deinem Körper nach.

Bei diesem Reinigungsritual kommt es zu einer besonderen

Wirkung durch das Entlangstreichen der Hände am Körper. Dies ist eine Art Entodung bzw. Entstrahlungsmaßnahme gegen zu hohe energetische Aufladung und beruhigt so schon an sich tief.[4] In dieser beruhigenden Entstrahlung liegt wohl auch der Sinn des zärtlichen Streichelns.

Hiernach kommen wir zu einer klassischen Yoga-Asana, der PASCHIMOTTANASANA oder Zange.

Du legst dich völlig ausgestreckt mit geschlossenen Augen wie bei der Entspannung auf den Boden. Die Arme liegen neben dem Körper. Du atmest tief und konzentriert, relativ langsam ins MANIPURA-Chakra. Ganz langsam beschreibst du mit beiden Armen einen Kreis auf dem Boden, so daß sich beide Hände hinter dem Kopf treffen. Wenn sich beide Hände dort hinter dem Kopf treffen, streckst du dich, machst dich so lang, wie du kannst und entspannst wieder. Die Konzentration und Atmung bleibt im MANIPURA-Chakra fixiert. (Abb. 21)

Dann hebst du langsam und gleichmäßig deine beiden Arme, bis die Hände im Zenit über deinem Kopf stehen (Arme in der Senkrechten). Der Kopf bleibt bis dahin unbeweglich am Boden.

Nun öffnest du deine Augen, und deine Arme verfolgen weiterhin langsam den Bogen, bis die Hände auf den Oberschenkeln liegen. Dein Kopf hebt sich dabei vom Boden ab und später deine Schultern, dein Rücken bleibt jedoch am Boden – was sehr wichtig ist.

Liegen nun deine Hände auf den Oberschenkeln, dann schiebst du sie langsam auf deine Füße zu, wobei du deine Wirbelsäule Wirbel für Wirbel ebenso langsam abrollst. Im Idealfall lege deine Stirne auf die Knie, die Brust liegt auf den Beinen, und du umfaßt deine Fußsohlen von außen und suchst dir einen Punkt etwa in der Mitte deiner Fußsohlen, den du drückst. Wenn du zusammengeklappt bist wie ein Taschenmesser, dann entspanne und atme tief, langsam, regelmäßig und ohne Atempause in deine Körpermitte. (Abb. 22)

Gehe mit deinen Händen nur so weit, wie du gerade noch bequem die Körperspannung aushalten kannst. Gehe nicht

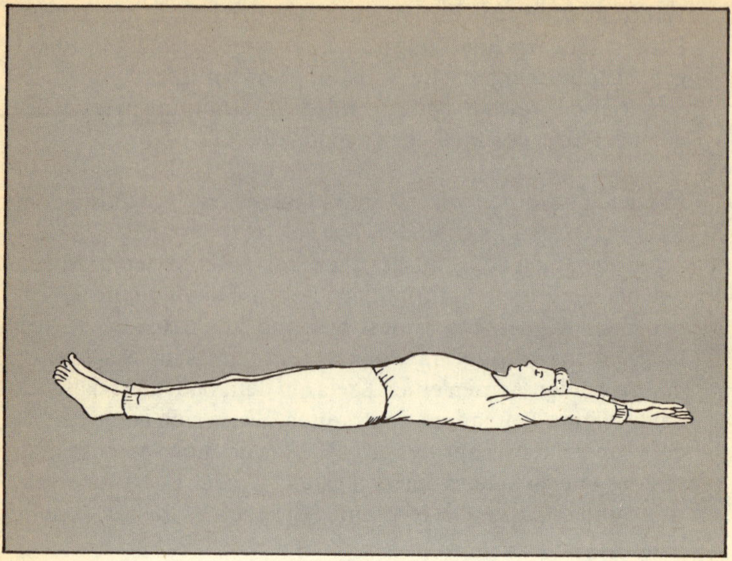

Abb. 21 und 22 Paschimottanasana

weiter. Wippe nicht und versuche so, deine Zehen zu berühren. Es ist nicht wesentlich, wie weit du kommst!

Welche Gefühle treten bei der tiefen Verneigung deines Oberkörpers auf? Bist du dir der Symbolik dieser tiefen Verneigung bewußt?

PASCHIMOTTANASANA bedeutet: im Westen aufsteigen. Von den LAYA-YOGA-Übenden wird diese Stellung benutzt, um die Lebensenergie (KUNDALINI) durch den hinteren Weg (Rücken = Westen = Paschima) aufsteigen zu lassen bis ins Hinterhaupt. Auch der ‹normale› Schüler des Yoga kann in dieser Stellung, hält er sie lange genug, einen leichten Wärmestrom den Rücken aufsteigen spüren.

Verharre in dieser Stellung etwa eine Minute und gehe dann zurück, indem du den Bewegungsablauf rückwärts ablaufen läßt.

Entspanne darauf auf dem Rücken liegend und beobachte deinen Atem und die Gefühle, die mit ihm hochsteigen. Greife nicht ein und identifiziere dich nicht mit deinen Gefühlen, betrachte sie einfach.

Nach einigen Minuten tiefer Entspannung sende einen Ton, der dir gerade einfällt, ins MANIPURA-Chakra, so daß du die Schwingungen in deiner Körpermitte spürst. Spiele etwas mit diesem Ton. Du kannst auch das Mantra YAM (‹jang› ausgesprochen) ausprobieren. Aber es kommt mehr darauf an, aus deiner Stimmung den eigenen Ton zu finden.

Das MANIPURA-Chakra wird dem Feuer zugeordnet beziehungsweise astrologisch der Sonne. Feuer und die Sonne hängen mit dem Licht zusammen, das die Grundvoraussetzung zum Sehen bietet.

Die nächste Übung ist eine Glasperlenmeditation.[5] Besorge dir zwei Glasmurmeln, wie sie Kinder zum Spielen benutzen, und lege sie etwa eine Handbreit voneinander vor dir auf den Boden. Setze dich in Meditationshaltung etwa ein bis zwei

Meter davon entfernt hin und schaue sie an. Versuche durch leichtes Schieben eine dritte Kugel klar in der Mitte zwischen den beiden realen Kugeln zu sehen. Siehst du die dritte Kugel klar, dann atme tief und ohne Atempause in deine Körpermitte und halte dieses Bild.

Sei völlig in deiner Mitte und konzentriert. Jedes Abschweifen der Konzentration läßt die dritte Kugel sich in zwei andere teilen. Versuche dann wieder diese beiden anderen Kugeln zur dritten Kugel zu verschmelzen. Ruhe einfach in deiner Körpermitte.

Danach setze dich auf deine Hacken, die Unterschenkel auf dem Boden, den Rücken gerade und konzentriere deine Atmung auf das MANIPURA-Chakra. Beim Ausatmen schiebe dein Becken nach vorne, beim Einatmen schiebe es nach hinten. Bekomme dabei ein Gefühl deiner Körpermitte. Führe diesen Bewegungsablauf synchron zu deiner Atmung durch. Mache dies etwa drei Minuten lang und lege dich dann wieder entspannt auf deinen Rücken. Lege deine rechte Hand aufs MANIPURA-Chakra, deine linke aufs SAHASRARA-Chakra. Nach einiger Zeit spürst du ein Pulsieren zwischen beiden Punkten. Konzentriere dich voll auf dieses Pulsieren.

Eine weitere schöne Meditationsübung zum MANIPURA-Chakra kam in mein Blickfeld, als ich hier in England in ein altes Haus mit offenen Feuerstellen zog: Die Meditation auf das Feuer.

Im Grunde ist es ganz einfach: Man schaut für eine halbe Stunde zuerst in die Flammen und läßt alle Gefühle, die kommen, hochsteigen. Später kann man die Zeit langsam bis zu zwei Stunden ausdehnen.

Zuerst werden dir fürchterlich die Augen tränen, aber mach dir nichts daraus, du mußt durch dieses Stadium hindurch. Bei mir stiegen alle alten Verletzungen, Kränkungen hoch, und plötzlich, nach monatelangen Übungen, fiel auf einmal etwas ab von mir, meine Seele bewegte sich freier, und ich begann in den verschiedenen Schichten des Feuers zu sehen.

Dies ist sowohl eine starke Reinigungsübung als auch ein Willenstraining.

Es geht die Sage, daß Nostradamus seine Vorhersagen auf diese Technik der Feuermeditation gründete, die er wieder von Menschen erlernt hatte, die das Wissen der Katharer in sich trugen. So einfach sich das anhören mag, aber um diese Meditation zu lernen, bedarf es viel Geduld. Allerdings ist auch der Lohn unsagbar.

Beschließe die Übungen zum MANIPURA-Chakra mit der Affirmation:

Ich bin offen und kämpfe positiv.

Mit dem MANIPURA-Chakra wird die Achse Widder – Waage in der Astrologie angesprochen. Gestaltastrologisch wird hier das Pentagramm der Venus beschworen (im Grunde zwei Pentagramme, die genau aufeinanderfallen, somit ergibt sich die Zahl zehn, die den zehn Lotosblättern dieses Chakras entspricht).

Treten Hemmungen und Widerstände bei diesen Übungen auf, sei es nun beim Atmen, bei den Körperübungen und /oder bei der Meditation, so frage dich, ob da nicht irgendwo Aggressionsreste in dir stecken, die dies verursachen. Du brauchst sie nicht unbedingt im MANIPURA-Chakra selbst zu spüren, sie liegen auch häufig in den Schultern versteckt.

Kommst du solchen Verspannungen auf die Spur, folge einfach deinem Körper, laß ihn Bewegungen ausführen, die ihm spontan kommen.

Sieh meine Übungen nur als Vorschläge, die du auch immer abwandeln kannst.

Als kreative Visualisierung zur Körpermitte stell dir einen Kreis um deinen Bauchnabel vor, der dann langsam in einen Zylinder übergeht. Diesen Zylinder füllst du atmend mit einer leuchtend gelben, strahlenden Substanz, die in den Zylinder ein- und ausströmt. Nun spiele mit diesen Kraftströmen in dem Zylinder. Wenn du Lust hast, male dieses Bild. Die klassische Vorstellung besteht hier in einer Visualisierung einer goldenen Kugel im MANIPURA-Chakra (Schutzmeditation).

4 *Herz-Chakra*
ANAHATA

Astrologisch gesehen betreten wir hier die Achse Löwe – Wassermann, gestaltastrologisch die zwölf Konjuktionen und Oppositionen von Sonne und Mond (entsprechend den zwölf Lotosblättern des ANAHATA-Lotos).

Wir treten in dieses Prinzip ein mit der Meditation auf die Tarotkarte XII «Der Gehängte».

Jegliche Meditation, die die eigenen dunklen Schatten von der Lichtseite her betrachtet, wirkt positiv auf der Ebene des Herz-Chakras.

Wenn wir unsere dunklen Seiten, die Seiten, die wir nicht an uns leiden können, mit gewisser Distanz zu uns selbst betrachten, dann brauchen wir sie nicht auszuagieren, denn diese ehrliche und mutige Betrachtung hellt schon alleine unsere dunklen Seiten auf. Ein Ausagieren unserer dunklen Seiten macht sie erst stark, denn es wird die dunkle Ebene nicht verlassen.

Nehmen wir als Beispiel wieder die Aggression unter dem Aspekt der Energie am falschen Platz. Agieren wir unsere Aggressionen aus, dann ziehen wir erst richtig das Dunkle in Form von Gegenaggressionen an, halten wir sie jedoch in uns und betrachten sie, so ist dies oft der erste Schritt zu ihrer Auflösung beziehungsweise Akzeptanz (vergleiche wieder dazu Abb. 8). Erst wenn sich die dunklen Seiten auflösen und akzeptiert werden ,dann kann nach dem MANIPURA-Chakra das Herz-Chakra befreit werden. Dort, wo Haß ist, da ist auch immer das ANAHATA-Chakra blockiert und eingeengt.

Stand auf der Ebene des MANIPURA-Chakras die Frage an, wie gehe ich mit meinen Aggressionen um, so steht auf der Stufe des Herz-Chakras die Frage an, wie gehe ich mit der Liebe um. Diese Frage sollte während aller Übungen zu diesem Chakra im Bewußtsein bleiben.

Eine sehr kraftvolle Meditation zum Herz-Chakra wird in der

orthodoxen ostchristlichen Gemeinde geübt. Sie geht auf alte Praktiken aus dem 14. Jahrhundert in der Mönchsrepublik Athos und auf den heiligen St. Seraphim zurück, von dem der Ausspruch stammen soll:

«Das Reich Gottes ist im menschlichen Herzen enthalten.»

Du setzt dich in Meditationshaltung hin und visualisierst deutlich dein Herz. Dann sprichst du folgendes Gebet, wenn du das Bild deines Herzens deutlich halten kannst:

Herr Jesus Christ erbarme dich meiner oder

Herr Jesus Christ sei mir armem Sünder gnädig.

Dieses Gebet wird mehr wie ein Mantra aufgefaßt, das dann tief im Herzen schwingt. Laut der Überlieferung soll dieses mantrische Gebet seine Kraft jenseits des Inhaltes entfalten.

Wenn wir davon ausgehen, daß die Sünde eine Haltung des beengenden Egoismus und des sogenannten Zu-Seins ist, dann kann dieses Mantra uns wirklich öffnen.

Ich habe sowieso bei der Chakren-Arbeit besonders bei den Asanas das Gefühl, daß eine Konzentration auf mein Herz mich öffnet und reinigt: Ich spüre geradezu, wie mit den Bewegungen all die beengenden Starrheiten und somit das ‹Böse› von mir abfällt und ich wieder offen und harmonisch werde

Beim Herz-Chakra möchte ich mit einer Paar-Übung beginnen, ehe wir zu den Einzelübungen kommen, denn hier ist ja die Überwindung der Distanz wesentlich.

Beide Partner legen sich entspannt auf den Rücken nebeneinander und atmen tief und ohne Pause (verbundenes Atmen) gemäß ihrem eigenen Rhythmus. Sie sollen bei dieser Atmung deutlich ihr Herz schlagen spüren. Wenn beide eine Zeit lang so geatmet haben, dann legt jeder eine Hand dem anderen vorsichtig und sachte auf sein Herz-Chakra, und beide atmen wie bisher weiter. Langsam aber stetig wird sich dabei eure Atmung angleichen.

Abb. 23 Beugung nach hinten

Könnt ihr dem nachgeben?
Setzt ihr Widerstände?
Könnt ihr sagen, wenn es euch zuviel ist?

Redet hinterher über diese Übung, die etwa eine Viertel Stunde dauern sollte.

Und nun zu den Einzelübungen[6]:

Stelle dich ruhig und gerade hin, die Füße etwa schulterbreit auseinander und atme tief und ohne Pause in dein Herz-Chakra. Fühle dich wohl, wo du stehst, wie du stehst. Dann nimm deine Arme hoch über den Kopf und beuge dich so weit nach hinten, wie du kannst – bis du die Welt auf dem Kopf stehend siehst, und atme weiter in dein Herz-Chakra; spüre deinen Herzschlag. (Abb. 23)

Einige Übende bekommen ein Flimmern vor den Augen, das ist absolut in Ordnung und hängt mit der großen körperlichen Anstrengung zusammen. Wenn du die Übung eine Zeit lang gemacht hast, kannst du dieses Flimmern leicht lindgrün zum Schleier werden lassen – aber das ist etwas für Fortgeschrittene.

Du entspannst, indem du dich nach vorne herunterfallen läßt. Laß dich hängen!

Danach kommst du zum zweiten Teil der Übung. Du richtest dich wieder Wirbel für Wirbel auf, bis du gerade stehst, und faßt deine Hände hinter dem Rücken zusammen. Dann beugst du dich wieder so weit nach hinten, wie es geht, und drückst deine beiden Arme mit zusammengefaßten Händen so weit wie möglich von deinem Rücken weg nach oben. Atme tief und regelmäßig dabei, halte etwas und laß dich danach wieder zur Entspannung nach vorne hängen. Übende mit instabilem Kreislauf sollten sehr vorsichtig bei dieser Übung sein!

Danach lege dich auf den Rücken und beobachte deine Atmung. Daß du bei dieser Übung besonders zu Beginn außer Atem gerätst, ist normal. Später wird das nachlassen.

Wenn du tief entspannt bist, dann konzentriere dich auf deinen Herzschlag und sage dir

mein Herz schlägt ruhig und regelmäßig.

Lege deine linke Hand aufs Herz-Chakra, deine rechte auf das SAHASRARA-Chakra und lasse alle Gefühle in dir hochsteigen.

Wenn du bei diesen Übungen dein Herz nicht spürst, dann – habe ich die Erfahrung gemacht – liegt es zumeist an einem Problem mit deiner Mutter.

Du solltest dann mit Methoden der humanistischen Psychologie an deiner Mutterbindung arbeiten. Falls du selbst daran arbeiten willst, beobachte deine Träume.

Wie abhängig von der Liebeszuwendung deiner Mutter und von Frauen allgemein agiert dein Traum-Ich?

Wie abhängig bist du von Anerkennung?

Wie verhält sich dein Traum-Ich den Frauengestalten gegenüber, die dort auftauchen?

Wir beenden die Arbeit am Herz-Chakra mit der Affirmation:

Dein Wille geschehe

Hast du schon einmal auf die alten Begriffe von
Glaube
Liebe
Hoffnung
meditiert?

Eine leichte Übung zur Befreiung des ANAHATA-Chakras, die du überall täglich machen kannst, besteht einfach darin, hier und da in deiner Tätigkeit innezuhalten und zu schauen, ob du dein Herz schlagen spürst. Weiterhin kannst du hier mit dem Öl der roten Rose arbeiten, das du direkt auf das Herz-Chakra aufträgst. Du wirst subtile Veränderungen spüren.

Falls du deine Erfahrungen mit dem Herz-Chakra künstlerisch gestalten willst, dann stelle dir ein grünes Kreuz vor deinen Augen vor, das aus zwei gleichgroßen Balken besteht. Wenn du das Kreuz klar siehst, laß es so groß wie du selbst werden und umgebe es mit lindgrünen Kraftströmen, die mit deinem Atem um dieses grüne Kreuz herumwirbeln. Nun greife zu Pinsel und Farbe.

5 Kehl-Chakra
VISHUDDHA

«Ich lasse mich nicht irre schrein,
Nicht durch Kritik noch Zweifel.
Der Teufel muß doch etwas sein;
Wie gäb's denn sonst auch Teufel?»

Goethe

Die Arbeit am Kehl-Chakra beginnt mit der Meditation auf den Archetypus des Teufels (Tarotkarte XV «Der Teufel»).

Hierzu möchte ich sehr empfehlen, in Sallie NICHOLS Buch «Die Psychologie des Tarot»[7] das Kapitel über diesen Archetypus des dunklen Engels zu lesen.

Viele der bei uns geübten klassischen Yoga-Übungen wirken auf das Kehl-Chakra, und dies ist wahrscheinlich darauf zurückzuführen, daß in unserer sprachlich überdeterminierten Kultur die Kehle als Zentrum der Kommunikation besonders beansprucht ist.

Das VISHUDDA-Chakra wird auch BHARATI-STHANA genannt, der Wohnort der Göttin der Sprache.

Wenn du allein bist und länger Zeit hast, dann versuche doch einmal, dein Leben als Märchen aufzuschreiben. Du kannst es auch, was noch wirkungsvoller ist, deinem Freund oder deiner Freundin erzählen. Erzähle es einfach spontan.

Welche Märchenfigur paßt denn zu deinem Leben?

Gibt es ein ‹happy end›, und was ist die Moral von der Geschicht'?

Aber nun zu den Körperübungen:

Ich möchte hier drei klassische Yoga-Übungen anführen, die man gut miteinander verbinden kann:

1. HALASANA (der Pflug)
2. SARWANGASANA (der Schulterstand)
3. MATSYASANA (der Fisch)

Bevor du diese drei Übungen übst, solltest du erst durch die Nackenrolle deine Halsmuskeln auflockern.

Setze dich mit gerader Wirbelsäule auf den Boden (wie auch immer, Schneidersitz, Halblotos oder Lotos, das spielt keine Rolle, wichtig ist einzig, daß du deine Wirbelsäule über längere Zeit gerade halten kannst) und laß deinen Kopf langsam zu den Seiten, nach vorne und nach hinten kippen. Ändere die Richtung mehrmals und atme tief in die verspannten Stellen. Bei dieser Bewegung des Kopfes ist es wichtig, daß du keine Drehbewegung machst, sondern einzig nach rechts und links und vorne und hinten deinen Kopf bewegst. Eine Drehbewegung ist dem Halsgelenk unangemessen und kann auf Dauer schädigen (quasi ausleiern).

Danach lege dich wieder in Entspannungshaltung flach auf den Boden und rücke dein Kinn etwas auf deinen Hals zu, der Kopf bleibt dabei liegen, so daß auch deine Halswirbelsäule so gerade wie möglich auf dem Boden aufliegt. Konzentriere dich auf dein Hals-Chakra. Atme tief in dieses Chakra hinein und mache eine kleine Atempause nach dem Einatmen.

Sehr entspannend auf dieses Chakra wirkt, wenn du es dir in Blau gehüllt vorstellst.

Nun hebe langsam deine Beine mit durchgedrückten Knien, bis sie hinter deinem Kopf wieder die Erde berühren. Halte deine Knie dabei durchgestreckt. Dies ist der Pflug. (Abb. 24)

Bei dieser Übung drückt dein Kinn etwa auf die Stelle, wo deine Schilddrüse sitzt. Atme tief in diese Stelle hinein und lege eine Atempause nach dem Einatmen ein. Spüre die Energien in deiner Schilddrüse.

Danach gehe langsam zurück, indem du Wirbel für Wirbel abrollst, und entspanne auf dem Rücken liegend mit geschlossenen Augen. Konzentriere dich auf dein Hals-Chakra und spüre, wie der Atem durch deine Kehle ein- und ausströmt.

Die HALASANA ist gerade für diejenigen wichtig, die den größten Teil des Tages sitzend verbringen. Bei dieser Übung wird die Körpersymmetrie und somit die Harmonie im ganzen Menschen verbessert. Die Rückenmuskulatur wird durch Anspannen und Dehnen gestärkt und beweglich gehalten, gleichzeitig wird eine Harmonie zwischen den positiven und negativen Körperströmen hergestellt.

Falls du nicht gerade im ‹sozialen› Wohnungsbau mit dünnen Wänden wohnst, dann versuche, so laut wie möglich am Ende der Entspannungsphase zu schreien und stelle dir nach jedem Schrei vor, daß deine Kehle weiter und entspannter wird.

Falls dich dieses Schreien heiser macht, ist das ein Zeichen,

Abb. 24 HALASANA Der Pflug

daß du die Energien in diesem Chakra nicht frei strömen läßt. Du kannst dieses Chakra auflockern, indem du einen summenden Ton in deine Kehle schickst und dir dabei vorstellst, daß deine Kehle immer weiter wird.

Frage dich, wie du mit deiner Sprache umgehst.
Kommunizierst du ehrlich?

Die zweite klassische Übung zu diesem Chakra ist der Schulterstand. Du beginnst ihn wie den Pflug (HALASANA): Liegst entspannt auf dem Rücken und hebst dann deine Beine, wobei der Rücken noch auf dem Boden liegen bleibt. – Es ist sehr wichtig, daß du nicht gleich den Rücken hebst, denn dadurch würdest du den fünften Lendenwirbel und seine Zwischenwirbelscheibe zu sehr belasten. – Sind deine beiden Beine annähernd im rechten Winkel zur Decke gestreckt, dann hebst du deinen Rücken vom Boden ab, bis du einzig auf deinen Schultern und dem Nacken stehst. Verharre in dieser Stellung

Abb. 25 SARWANGASANA Der Schulterstand

und lasse deine Füße und Beine völlig entspannt (die Zehen nicht zur Decke strecken, da dies eine Anspannung hervorrufen würde), mit Händen und Vorderarmen stützt du dich am Boden ab. Das Kinn ist stark gegen das Brustbein gepreßt. (Abb. 25)

Nun atme mit Zwerchfellatmung tief und regelmäßig in dein Kehl-Chakra. Es ist hierbei natürlich, wenn du eine Art beengtes Gefühl in deiner Kehle hast.

In der gleichen Weise wie du hochgegangen bist, gehst du nun wieder zurück und entspannst auf dem Rücken liegend, indem du tief und regelmäßig in dein Kehl-Chakra atmest.

SARWANGASANA (Schulterstand) kommt nach Alain DANIELON von SARVA-ANGA-UTTANA-ASANA, was soviel wie ‹Stellung mit allen Gliedern erhoben› heißt. Die besondere Wirkung dieser Übung liegt darin, daß die kosmischen Ströme im umgekehrten Sinne auf den Menschen wirken, was einen harmonisierenden

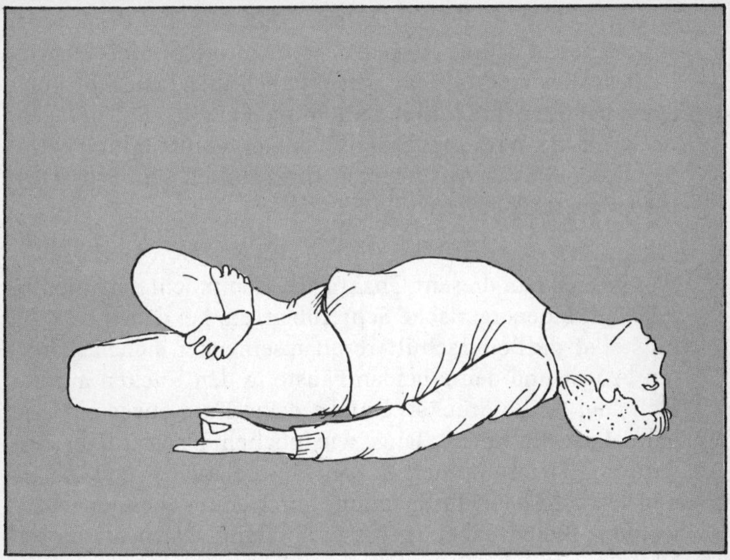

Abb. 26 MATSYASANA Der Fisch

Einfluß auf den Übenden hat – allerdings nicht auf Frauen während ihrer Periode.

Sowohl nach der HALASANA wie auch nach der SARWANGASANA empfiehlt es sich bei der Arbeit am Kehl-Chakra als Gegenübung (Biegung der Wirbelsäule in die andere Richtung) den Fisch (MATSYASANA) zu üben:

Hierbei wird der Nacken befreit und die Halsmuskulatur gedehnt.

Du setzt dich mit geradem Rücken im Meditationssitz hin und stützt dich auf den Ellenbogen nach hinten ab und läßt dich mit dem Kopf zuerst nach hinten herunter. Achte darauf, daß du fast auf dem SAHASRARA-Chakra mit deinem Kopf liegst und dehne so deinen Hals und Nacken. Atme tief in das VISHUDDHA-Chakra hinein.

Die Ellenbogen, mit denen du dich beim Zurückgehen abgestützt hast, nimm weg und ruhe einzig auf dem oberen Teil deines Kopfes und dem Unterleib. Lege deine Arme entspannt neben deinen Körper. Tiefe Atmung ist hier wichtig. (Abb. 26) Besitzt du eine kräftige Wirbelsäule, kannst du auch deine beiden Arme hinter deinem Kopf auf den Boden legen, wodurch die Wirkung dieser Übung erheblich erhöht wird. Bei dieser Art der Ausführung wird nämlich dein Brustkorb besonders stark geweitet.

Wer intensiv an diesem Chakra arbeiten möchte, dem empfehle ich bioenergetische Schreiübungen, bei denen du dich hinstellst, die Beine schulterbreit auseinander, dich nach hinten beugst und deine beiden Fäuste in den Rücken auf der Höhe der Taille drückst. Knicke deine Knie etwas ein und halte diese Stellung so lange wie möglich. Nach einiger Zeit wird ein Zittern deinen Körpern durchlaufen, verstärke es und versuche dann die Spannung durch lautes Schreien loszuwerden. Bleibe dabei in dieser Stellung. Nach all diesen Übungen lege dich entspannt auf deinen Rücken und atme tief und regelmäßig mit kleinen Atempausen nach dem Einatmen. Dann lege langsam deine linke Hand auf das VISHUDDHA-Chakra und deine rechte aufs SAHASRARA-Chakra. Laß deine Gefühle hochsteigen und schreibe sie hinterher in dein Tagebuch.

Die Affirmationen zu diesem Chakra:

Ich gehe offen auf andere zu
Meine Rede ist rein
Meine Kommunikation ist ehrlich und direkt.

Nun zur Visualisierung:

Schließe deine Augen und stelle dir einen Becher (Gral) vor. Fülle diesen Becher durch deine Atmung mit einer blauen Flüssigkeit, die in diesem Becher herumwirbelt. Hast du dieses Bild deutlich vor Augen, dann drehe langsam diesen Becher und gieße die blaue Flüssigkeit aus, die sich als blauer Nebel in der Umgebung auflöst.

Koste von dieser Flüssigkeit.
Sehe dich selbst blau.
Wenn du Lust dazu hast, male ein Bild danach.

Astrologisch haben wir mit diesen Übungen die Prinzipien Zwilling–Schütze angesprochen. Mit den sechzehn Lotosblättern dieses Chakras mögt ihr euch einmal die acht Schleifen des Mars mit ihren zwei Phasen anschauen.

6 Drittes Auge
AJNA

Die Arbeit am AJNA-Chakra, dem Dritten Auge, beginnt mit der Meditation auf der Tarotkarte XVIII «Der Mond».

Zünde eine Kerze an und schaue starren Blickes auf diese Kerze. Dann schließe die Augen (bevor sie tränen) und konzentriere dich auf das Nachbild. Nach einigen Minuten öffne ein klein wenig deine Augen etwas blinzelnd: Geht der goldene Strahl von dir oder der Kerze aus?

Setze dich nun mit gerader Wirbelsäule in Meditationshaltung hin und intoniere ein AUM, das in deinem Dritten Auge schwingt. Nun bombardiere geradezu von innen dein Drittes Auge mit Tönen. Probiere alle möglichen Arten von Tönen aus.

Dann sei still und konzentriere dich auf das AJNA-Chakra. Spüre den Punkt zwischen deinen Augenbrauen deutlich. Nach einigen Minuten stütze dich mit deinen Armen nach hinten ab und lasse deinen Kopf nach hinten fallen, so daß dein AJNA-Chakra genau zum Himmel (zur Decke) hinweist. Atme tief und regelmäßig in dieses Chakra mit einer kurzen Atempause nach dem Einatmen. Mache dies einige

Minuten lang und nimm dann wieder deinen Kopf in die Ausgangsstellung zurück. Spüre die Energie in deinem Dritten Auge.

Nun nehme abermals deinen Kopf zurück wie zuvor und atme ein, halte den Atem und weite dabei deinen Oberkörper und ziehe die PRANA-Energie nach oben bis in dein Drittes Auge, dann atme wieder aus. Mache dies neunmal.

Nun lege dich auf den Rücken und entspanne mindestens die gleiche Zeit, die du für die Übung benötigt hast. Sei völlig entspannt, laß dich fallen.

Zur nächsten Übung, die eine eigene Abwandlung der Übung «Linkshirn-Rechtshirn» ist, die Robert MASTERS und Jean HOUSTON entwickelt haben[8], setze dich bequem hin. Du kannst dich diesmal ruhig anlehnen. Sitze wirklich bequem und fühle dich völlig wohl. Halte deine Augen geschlossen und entspannt und überlege dir, was du deinem Gehirn sagen würdest, wenn du es jetzt ansprechen kannst.

Was würdest du sagen?

Wecke dein Gehirn auf.

Nun forme einen Ton und sende ihn in deine rechte Gehirnhälfte. Laß ihn dort schwingen. Fülle deine gesamte rechte Gehirnhälfte mit diesem Ton. Spüre richtig ein Kribbeln in der rechten Gehirnseite.

Nach meinen Erfahrungen klappt diese Übung am besten mit einem summenden Ton.

Nun sende den gleichen Ton in deine linke Gehirnhälfte. Gehe genauso vor wie auf der rechten Seite. Dann entspanne.

Nach einigen Minuten Entspannung stelle dir auf der linken Seite deines Gehirns die Zahl eins vor und auf der rechten Seite den Buchstaben A.

Wenn du dies deutlich hast, dann stelle dir links die Zahl zwei und auf der rechten Seite den Buchstaben B vor.

Gehe immer weiter so alle Zahlen fortlaufend auf der linken Gehirnseite durch und dazu die entsprechenden Buchstaben bis Z auf der rechten Gehirnseite. Nun ruhe dich aus. Atme tief in dein AJNA-Chakra, halte kurz nach dem Einatmen den Atem an und entspanne dich etwa drei Minuten lang.

Dann nimm diese Übung wieder auf: Diesmal jedoch stellst du dir links die Buchstaben und rechts die Zahlen vor:

Also:

linke Gehirnhälfte A	rechte Gehirnhälfte 1
linke Gehirnhälfte B	rechte Gehirnhälfte 2
...	...
und so weiter bis Z	und 26

Nun ruhe dich wieder aus, atme ins AJNA-Chakra mit einer Pause nach dem Einatmen. Entspanne tief. Nach einigen Minuten stelle dir vor, auf der rechten Gehirnseite geht die Sonne auf, auf der linken geht sie unter. Dann geht auf der linken Gehirnseite der Mond auf und auf der rechten unter.

Finde nun selbst Bilder, die du dir auf der rechten und dann auf der linken Gehirnseite vorstellst. Spiele mit diesen Bildern.

Danach blicke mit deinem linken Auge zu deinem linken Gehirn, mit deinem rechten Auge zu deinem rechten Gehirn.

Dann laß dich fallen und entspanne. Stehe auf und gehe langsam im Zimmer umher (oder draußen) und genieße dein Wachsein, die Klarheit deiner Eindrücke.

Wenn du dich nach dieser Übung angespannt fühlst, dann hast du dich zu sehr angestrengt. Mache das nächste Mal diese Übung entspannter. Mache vielleicht nur Teile dieser Übung. Die Übung soll dich erfreuen und wachmachen!

Du brauchst für diese Übung etwa 45 Minuten. Es ist wichtig, daß du dir Zeit läßt.

Lege dich nun hin und entspanne tief. Konzentriere dich wieder auf dein AJNA-Chakra, und nach einigen Minuten lege Zeige- und Mittelfinger deiner linken Hand auf das AJNA-Chakra und den Zeige- und Mittelfinger deiner rechten Hand auf das SAHASRARA-Chakra. Laß deine Gefühle hochsteigen.

Danach stehe auf, setze dich vor einen Spiegel und schaue etwa zehn Minuten lang auf dein Drittes Auge.

Nun lege dich wieder hin und entspanne lang und tief.

Beende diese Übung mit einem AUM, das du in deinem

Dritten Auge schwingen läßt. Füge eventuell noch eine Meditation über die Dualitäten in dir, der Welt an...

Die Affirmationen für diese Ebene sind:

wie oben, so unten
Ich folge dem Führer in meinem Inneren.

Die Sufis empfehlen bei allen Übungen, die das AJNA-Chakra ansprechen sollen, Sandelholzöl leicht auf das Dritte Auge aufzutragen.

Visualisierung:
Stelle dir ein violettes Dreieck mit der Spitze nach oben etwas oberhalb deiner Augen vor. Hast du es klar, dann lege ein gleiches Dreieck mit der Spitze nach unten darüber. Dieses zweite Dreieck ist ebenfalls violett. Lege die beiden Dreiecke so übereinander, daß ein sechseckiger Stern entsteht (Salomons Siegel). Nun lasse diesen Stern rotieren und von seinen Ecken aus violette Wölkchen ausstoßen. Spiele mit diesen Wölkchen und drehe den Stern.

Male ihn.

Astrologisch gesehen geht es auf dieser Stufe um die Achse Jungfrau – Fische.

7 *Kronen-Chakra*
SAHASRARA

Die Ebene des tausendblättrigen Lotos kann nicht mehr durch ein Lehrer-Schüler-Verhältnis erreicht werden. Auch die hier angeführten Übungen können einzig als Ausgangspunkt für eigene zu entwickelnde Übungen gesehen werden. Sie geben bestenfalls eine Richtung an, können dir Ideen geben, aber auf dieser Stufe mußt du letztendlich deine eigenen Übungen entwikkeln. Es ist überhaupt fraglich, ob diese Stufe durch Übungen erreicht werden kann. Die beste Übung ist hier die Aufmerksamkeit im alltäglichen Leben (was im gewissen Sinne für alle Chakren zutrifft).

Die Meditation auf die Tarotkarte XXI «Das All» kann dich in diesen Bereich jenseits der Sprache hineinführen.

Lege dich entspannt auf den Rücken und atme durch das SAHASRARA-Chakra. Laß deine Intuition dir sagen, was du als nächstes zu tun hast. Folge deiner Intuition, so abwegig sie dir auch erscheinen mag.

Zur Atmung:

Atme im normalen Rhythmus und ziehe die Luft in deiner Vorstellung durch dein Drittes Auge ein und atme sie durch das SAHASRARA-Chakra wieder aus, wobei du dir vorstellst, daß mit jedem Ausatmen durch das SAHASRARA-Chakra deine Wirbelsäule gerader wird.

Du kannst dir auch vorstellen, daß beim Ausatmen ein purpurner Luftstrahl deinem SAHASRARA-Chakra entströmt.

Hier gibt es keine Affirmationen, denn dieser Bereich liegt jenseits der Sprache.

Ich führe hier einige Visualisierungen an, die mir geholfen haben zu ahnen, worum es auf dieser Ebene geht:

Schließe deine Augen, atme tief die Luft von deinem MULADHARA-Chakra hoch und atme sie durch dein SAHASRARA-Chakra aus. Laß diesen Luftstrom zu einem Wasser werden, das sich mehr und mehr beruhigt.

Stelle dir auf diesem Wasser eine Lotosblüte vor, zart und rosa oder rein weiß. Setze dich selbst in die Mitte dieser Lotosblüte.

Male dieses Bild und benutze es drei Tage lang als Meditationsvorlage, dann verbrenne es und laß die Asche vom Wind davontragen.

Setze dich in Meditationshaltung mit gerader Wirbelsäule hin; stell dir vor, daß du mit jedem Einatmen Energie in dich hineinnimmst und bei jedem Ausatmen diese Energie hinten deinen Rücken hochfließt, vorne hinunter und hinten wieder hoch und deinen Körper durch das SAHASRARA-Chakra verläßt. Dann laß einen Lotos vor deinen Augen entstehen, der mehr und mehr Blattreihen bekommt. Laß langsam alle diese Blätter in Regenbogenfarben übergehen.

Male dieses Bild wieder und verbrenne es.

Eine weitere Visualisierung zu diesem Chakra geht von einer riesigen Flamme aus, in deren Mitte du selbst stehst.

Dies wäre es zum SAHASRARA-Chakra.

OM MANI PADME HUM

Anmerkungen

1 Bei meinen Übungen benutze ich das Mertz-Struck-Tarot, das mit dem Buch zusammen 1981 in Interlaken erschienen ist.

2 Diese Übung ist mit leichter Abwandlung schon weiter vorne im Kapitel «Chakrenvorstellungen in den verschiedenen Kulturen» besprochen worden.

3 Lama Anagarika GOVINDA, Der Weg der weißen Wolke, Bern, München, Wien [8]1983, S. 369

4 Vgl. auch Bräuche wie Kinderfitzeln, leichtes Schlagen mit Birkenruten in der Sauna.

5 Vgl. dazu: PENNINGTON, George: Handbuch für Glasperlenspieler, Haldenwang 1981

6 Eine sehr schöne Übung fand ich von Yogi BHAJAN im HOLOGRAMM Nr. 40, November 1984, S. 21 beschrieben. Sie aktiviert relativ schnell das

Herz-Chakra, wenn man gewisse Erfahrungen auf anderen Ebenen gesammelt hat. Yogi Bhajan ist weißer Tantrist der 3HO-Gesellschaft.

7 NICHOLS, Sallie: Die Psychologie des Tarot, Interlaken 1984, S. 331–358. Dieses Buch stellt eine sehr gute Einführung in die Psychologie der Archetypen nach Carl Gustav Jung dar.

8 Vgl. HOUSTON, Jean: Handbuch zur Entwicklung des menschlichen Potentials, Basel 1984, S. 114–124, die gleiche Übung auch in etwas anderer Form in MASTERS, Robert: Bewußtseinserweiterung für Körper und Geist, München 1983.

Übungen, die alle oder mehrere Chakren stimulieren

Wenn man zumindest einmal die Übungen zu den einzelnen Chakren konzentriert durchlaufen hat und annäherungsweise Veränderungen in seinem alltäglichen Leben spürt, dann hilft es sehr, in gewissen Zeitabständen Übungen einzuschieben, die mehrere Chakren verbinden. Ich selbst beginne jedesmal die Arbeit an einem bestimmten Chakra mit solch einer Übung.

An welchem Chakra ich täglich arbeite, mache ich von den Erfahrungen des Tages abhängig. Ich habe zum Beispiel zur Zeit Schwierigkeiten, mich auf andere Menschen tief einzulassen. Wenn von mir in der Gruppe, in der ich lebe, eine langfristige Forderung verlangt wird, dann bekomme ich sogleich Angst, daß mir meine Freiheit entzogen wird, und ich werde unnahbar und kühl. Ich kämpfe gegen die Bindungen, und in diesem Kampf treten besonders Spannungen in meiner linken Schulter auf. Im Kopf weiß ich, daß ich im Kampf gegen die Bindungen im Grunde Freiheit verliere, statt sie zu gewinnen.

In solch einer Situation liegt es nahe, am ANAHATA-Chakra zu arbeiten. Bevor ich jedoch direkt an diesem Chakra arbeite, lege ich mich entspannt flach auf den Boden und atme tief und regelmäßig beim MULADHARAN-Chakra beginnend aufsteigend in jedes Chakra. Ich atme solange in jedes Chakra, bis ich es deutlich spüre, erst dann gehe ich zum nächsten Chakra über. In Gruppen habe ich bemerkt, daß es für viele Menschen hilfreich ist, daß sie einen Ton in jedes Chakra senden, bevor sie mit der Arbeit an den einzelnen Chakren beginnen.

Ich möchte hier noch auf drei weitere Übungen verweisen, die nach einiger Zeit der Arbeit an den Chakren hilfreich sind, wenn sie der Chakren-Arbeit vorangestellt werden:

1. Ich bin Übung

Ich setze mich in Meditationshaltung mit geradem Rücken auf den Boden und atme tief ein, wobei ich mir vorstelle, daß ich die Luft durch das Ajna-Chakra einziehe. Beim Ausatmen sage ich dann laut ICH, wobei ich visualisiere, daß mit dem CH die Luft purpurn aus meinem Sahasrara-Chakra strömt. Meine Wirbelsäule streckt sich dabei und wird noch gerader.

Ist alle Luft aus meinen Lungen entwichen, dann atme ich wieder tief durch das Ajna-Chakra ein und sage beim Ausatmen laut bin, wobei das n mit seinen Schwingungen langsam meine Wirbelsäule hinunterfällt. Am Ende der Wirbelsäule halte ich jedoch diese Energie, indem ich meine Anusmuskulatur leicht anspanne.

Ich führe für gewöhnlich diese Übung dreimal hintereinander durch.

Es ist wesentlich, bei dieser Ich bin-Übung die Energie im Körper zu lassen, so daß sie quasi von innen wirken kann. Deswegen ist unbedingt darauf zu achten, daß beim Fallen des Nasals n seine Schwingung nicht durch den Anus entweicht, sondern im Körper bleibt.

Nur die Kräfte, die im Körper bleiben, können von innen her gestalterisch auf uns wirken.

2. Yoni Mudra

Dies ist eine klassische Übung des Laya-Yoga, die ich hier mit einigen persönlichen Abweichungen beschreiben werde. Klassisch wird sie in der Sammlung der Gerandas wie folgt erklärt:

«Im Yogasitz sitzend drückt der Weise Ohren, Augen, Nase und Mund mit Daumen, Zeige-, Mittel-, Ring- und kleinem Finger zu. Er zieht Prana mit der Kaki-Mudra ein, verbindet es kräftig mit Apana und denkt mit dem Mantra Hum Hamsa über die sechs psychischen Zentren in ihrer Reihenfolge nach.»

Danach geht es um die Hebung der Kundalini zum Sahas-

RARA-Zentrum, wo Sonnen- und Mondatem, Shiva und Shakti sich vereinigen. Als Ergebnis jahrelanger Konzentrations- und Reinigungsübungen soll diese Übung in klassischer Form ausgeführt – und mit Lehrer! – die Überwindung des leiblichen Todes bedeuten.

Da es hier nicht um Todesüberwindung in leiblicher Form geht, führe ich eine Art abgeschwächter Form an, die sehr gut helfen kann, sich in den Chakren zu konzentrieren.

Die abgeschwächte YONI MUDRA findet man sehr anschaulich in dem Lehrbuch des LAYA-YOGA von Roman BLAIR[1] beschrieben.

Setze dich in Meditationshaltung mit geradem Rücken hin, atme tief und entspannt. Dann verschließt du deine Ohren mit deinen beiden Daumen, verschließt die Augen mit den Zeigefingern, die Mittelfinger legst du seitlich an deine Nasenflügel, so daß du abwechselnd das rechte und das linke Nasenloch schließen kannst. Mit beiden Ringfingern und den kleinen Fingern hältst du dir die Lippen zu.

Nun atme in das rechte Nasenloch tief ein, während du das linke mit dem Mittelfinger schließt, und ziehe den Atem tief hinunter, bis du ihn im MULADHARA-Chakra spürst. Atme durch das rechte Nasenloch aus und verschließe darauf das rechte Nasenloch mit deinem Mittelfinger und atme tief ins MULADHARA-Chakra durch das linke Nasenloch ein. Atme so einige Male abwechselnd durch das rechte und linke Nasenloch in das MULADHARA-Chakra und laß dabei dieses Chakra richtig warm werden.

Danach gehe in gleicher Weise zum SVADISTHANA-Chakra über, gefolgt vom MANIPURA-Chakra bis du beim SAHASRARA-Chakra angelangt bist.

Danach gehe den gleichen Weg wieder zurück bis zum MULADHARA-Chakra.

Wenn du diese Übung beherrschst, dann kannst du bei der Meditation auf jedes Chakra die Chakren in folgende Farbwolken gehüllt vorstellen:

Muladhara	rot
Svadisthana	orange
Manipura	gelb
Anahata	grün
Vishuddha	blau
Ajna	violett
Sahasrara	purpur

Mit der Visualisierung dieser Farbqualitäten[2] schwingst du dich gleichzeitig auf die mit diesen Farben verbundenen Gefühlsqualitäten ein.

Durch diese Übung erzeugst du eine Harmonisierung der Energien in deinen sieben Kraftzentren, was dich zu harmonischen Handlungen im alltäglichen Leben befähigen soll.

Wenn du diese Übung allein durchführst – nicht in einen Übungszyklus eingebettet –, dann lege dich hinterher entspannt hin und konzentriere dich auf den Fluß der Energien in deinem Körper.

3. Die ‹kleine Mittellinie›

Dies ist eine Abwandlung einer Übung aus dem Jin Shin Jyutzu, wie ich es in Findhorn kennengelernt habe. Der Vorteil dieser Übung ist – wie ich in allen meinen Kursen an verschiedenen Menschen beobachten konnte –, daß sie im Grunde immer wirkt, unabhängig von meiner Konzentration und Umgebung.

Ich kann diese Übung an mir selbst ausführen oder, was meiner Beobachtung nach noch wirkungsvoller ist, sie durch andere an mir ausführen lassen.

1. Schritt: Finger der rechten Hand aufs Sahasrara-Chakra, die der linken Hand aufs Ajna-Chakra.

Ich lasse die Finger dort so lange liegen, bis ich ein deutliches Pulsieren an beiden Punkten spüre.

Dieser Griff scheint die Intuition zu fördern, gibt eine Steigerung der Konzentrationsfähigkeit und Ruhe. Laut der Jin Shin Jyutzu-Theorie wirkt er gegen Senilität.

2. Schritt: Finger der rechten Hand bleiben auf dem SAHASRARA-Chakra, die der linken Hand werden auf die Nasenspitze gelegt.

Wieder lasse ich die Finger so lange liegen, bis ein deutliches Pulsieren an beiden Punkten festzustellen ist.

Dieser Griff harmonisiert meiner Erfahrung nach die IDA-, PINGALA- und SUSHUMNA-Ströme, das heißt meine Handlungen, meine gefühlsmäßige Beteiligung an ihnen und meine meditativen Kräfte werden ausgeglichen. (Einige Chakren-Theorien gehen davon aus, daß die IDA- und PINGALA-Leitungen in der Nasenspitze enden, während die SUSHUMNA bis zum SAHASRARA-Chakra verläuft.) Nach der JIN SHIN JYUTZU-Theorie soll dieser Griff die Oberflächenströme im Körper harmonisieren.

3. Schritt: Ich lasse die Finger der rechten Hand auf dem SAHASRARA-Chakra liegen, die der linken Hand lege ich aufs VISHUDDHA-Chakra.

Wieder halte ich diesen Griff, bis ich ein deutliches Pulsieren spüre. Hierbei wird das VISHUDDHA-Chakra entspannt, und Fühlen und Denken werden harmonisiert.

Nach der JIN SHIN JYUTZU-Theorie werden hierdurch die aufsteigenden und absteigenden Energieströme im Körper ausgeglichen.

4. Schritt: Ich lasse weiterhin die Finger meiner rechten Hand auf dem SAHASRARA-Chakra liegen, die der linken Hand lege ich aufs ANAHATA-Chakra.

Hierdurch werden Unruhe und Haßgefühle aufgelöst. Dieser Griff kann sehr gut zur Behandlung des sogenannten Kummer-Herzchakras benutzt werden[3], das die Ursache für all die verschiedenen psychosomatischen Erkrankungen aus verinnerlichten Leiden bildet. Nach der JIN SHIN JYUTZU-Theorie werden hier der Hormonhaushalt harmonisiert und die Emotionen befreit.

5. Schritt: Die Finger der rechten Hand werden von hinten auf das untere Ende der Wirbelsäule gelegt – dafür lege

ich mich am besten auf meine linke Seite – und die der linken Hand von vorne aufs SVADISTHANA-Chakra.

Dieser Griff wirkte bei allen, denen ich half, vorwiegend auf Furchtlosigkeit und Abbau von Angst. Nach der JIN SHIN JYUTZU-Theorie empfiehlt er sich bei starken Verspannungen.

Diese Griffe können durch die Kleidung hindurch durchgeführt werden und sollten so lange gehalten werden, bis ein deutliches Pulsieren spürbar wird. Punkte, bei denen es sehr lange dauert, bis dieses Pulsieren feststellbar ist, geben Hinweise auf den Bereich, in dem verstärkt gearbeitet werden soll.

Im Gegensatz zur normalen JIN SHIN JYUTZU-Praxis führe ich teilweise im Meditationssitz nach dem Meditieren einige oder alle diese fünf JIN SHIN JYUTZU-Griffe aus, wobei ich starr auf eine Kerze schaue.

Dies gibt mir viel Kraft, mit der ich nach der Meditation wieder in die Welt trete.

Macht man JIN SHIN JYUTZU im Liegen, ist es günstig, nach den Griffen noch einige Zeit entspannt liegen zu bleiben und in seinen Körper zu horchen.

Bei einigen Menschen treten beim JIN SHIN JYUTZU traumartige Bilder auf, die auch gemäß einem Traum verarbeitet werden können. Diese Bilder geben immer Aufschluß darüber, an welchem Chakra/welchen Chakren noch gearbeitet werden sollte.

Anmerkungen

1 BLAIR, R.: Yoga for the Family, Sidney 1966, Übung 8 und 9

2 Nimmt man wie in den tibetischen Yoga-Schriften die Farben als Verdeutlichung der Energieebenen der einzelnen Chakren, kommt man zu folgenden Farbentsprechungen:

Muladhara	gelb
Svadisthana	weiß
Manipura	rot
Anahata	grün

Vishuddha rauchfarben (durchsichtiges Grün)
Meine Farbzuordnung folgt der Goetheschen Farbtheorie, so daß die dort dargestellten Qualitäten der Farben denen des betreffenden Chakras entsprechen.

3 Die beiden grundsätzlichen psychosomatischen Störungen können einmal auf ein Kummer-Herzchakra und zum anderen auf eine Stauung im Manipura-Chakra zurückgeführt werden. Davon gehen auch Günther und Renate BRAUNGER aus (vgl. briefliche Mitteilung vom 15.12.84).

Beschluß

Nach einiger Zeit regelmäßigen Übens und besonders auch verstärkter Aufmerksamkeit auf die Verhaltensstrukturen (besonders Wiederholungen) im alltäglichen Leben ist es wichtig, im nächsten Schritt zu eigenen Übungen zu kommen und später auch diese Übungen als solche wieder aufzugeben. Normalerweise sagt einem schon der Körper deutlich, wann diese Übungen wieder aufzugeben sind (im Schnitt nach drei bis fünf Jahren), und man wird es schon spüren, wenn Übung und alltägliches Leben nicht mehr voneinander trennbar sind.

Die höchste Stufe der Übungen beginnt dort, wo das alltägliche Leben als Übung angesehen wird; um jedoch dahin zu kommen, sind die Übungen ein gutes Werkzeug.

Bach-Blütenessenzen in der Chakrenarbeit

Bei der Chakren-Arbeit kann man auch die klassische Hochpotenz Homöopathie und Bach-Blütenessenzen hilfreich anwenden.

Wenn wir noch einmal zum Schwingungsmodell zurückgehen, so nehmen wir an, daß jedes Chakra mit einer bestimmten Schwingung das gesamte Schwingungsfeld der sieben Chakren mitaufbaut. Die Bach-Blüten wie die homöopathischen Mittel führen mit ihrer Schwingung zu einer bestimmten Resonanz in dem entsprechenden Chakra und so auch zur Resonanzveränderung im gesamten Schwingungsfeld. So können diese Mittel gebundene potentielle Energien in dem geschlossenen Chakra, auf das sie wirken, wieder in freie kinetische Energien umwandeln. Damit kommt ein Kraftfluß im gesamten Feld zustande, das heißt alle Chakren werden dadurch zugleich mitaktiviert.

Ich möchte hier nur kurz einen Hinweis geben, wie ich in meiner Praxis Bach-Blüten in bezug auf die Chakren anwende; ich selbst arbeite nicht mit Homöopathie, da ich mich dort zuwenig auskenne (Siehe Übersicht S. 166/167).

Es ist nur dann sinnvoll die Bach-Blütenessenzen zur Hilfe in der Chakren-Arbeit zu nehmen, wenn man um die zwei Wochen hintereinander einzig an einem Chakra arbeitet. Das soll allerdings nicht heißen, daß man dann jeden Tag an dem entsprechenden Chakra arbeiten muß.

Ich kombiniere meist zwei Blütenessenzen zu einem bestimmten Chakra. Nach etwa vierzehn Tagen setze ich die entsprechende Essenz wieder ab, da sich dann zumeist die Situation geändert hat. Ich glaube, wenn man viel länger als zwei Wochen die gleichen Bachschen Essenzen nimmt, daß sie dann in der Chakren-Arbeit ihre Kraft verlieren.[1]

1. Muladhara-Chakra

Kirschpflaume	6	lerne loszulassen
gemeine Waldrebe	9	Erdung
Stechginster	13	Integration von Freude und Leid
Föhre	24	Verantwortung fürs eigene Leben zu übernehmen
Edelkastanie	30	die eigene Entwicklung zulassen zu können

2. Svadhistana-Chakra

Holzapfel	10	Ausscheiden, was nicht verdaut werden kann
Ulme	11	Ideen in die Realität umsetzen zu können
gefleckte Gauklerblume	20	die Fähigkeit, Freiheit innerhalb gegebener Strukturen zu genießen
Eiche	22	Hingabe und Einlassen
Quellwasser	27	Disziplin und sich gehen zu lassen verbinden zu können
Eisenkraut	31	dem anderen Spielraum zu lassen
Heckenrose	37	zur Lebensfreude und Anteilnahme fähig zu sein

3. Manipura-Chakra

Espe	2	Überwindung von Angst
Hainbuche	17	die Stärke haben, persönliche Ziele zu verwirklichen
drüsentragendes Springkraut	18	Geduld
Lärche	19	Selbstbewußtsein
einjähriger Knäuel	28	die Fähigkeit zur Balance zu haben
goldiger Milchstern	29	aus innerer Freude zu handeln

4. Anahata-Chakra

Tausendgüldenkraut	4	Dienen
Zichorie	8	Hingabe als Überwindung von Distanz

Heidekraut	14	bedingungslose Liebe
Stechpalme	15	freies Fließen der Liebesenergie
Geißblatt	16	die Fähigkeit zu entwickeln, im Hier und Jetzt leben zu können
rote Kastanie	25	die Fähigkeit zu besitzen, reine Liebe kommunizieren zu können
gemeines Sonnenröschen	26	Ego-Überwindung

5. VISHUDDHA-Chakra

Obermenning	1	Verbindung von Fühlen u. Denken
Ackersenf	21	Glaube an das eigene Selbst auch in ‚dunklen' Zeiten
Wald-Trespe	36	Kommunikation mit eigener Seele und von eigener Seele aus
Weide	38	Raum für Kreativität erzeugen zu können

6. AJNA-Chakra

Buche	3	Toleranz
Bleiwurz	5	Hören auf den inneren Führer
Kastanienknospen	7	offen für die Lektionen des Lebens zu sein u. sie freudig lernen zu wollen
bitterer Enzian	12	die Fähigkeit akzeptieren zu können, was ist
Olive	23	das Vertrauen auf die kosmischen Energien entwickeln zu können
Weinrebe	32	wahre Autorität erkennen/anerkennen zu können
Walnuß	33	Hören auf die innere Stimme
weiße Kastanie	35	Meditationshilfe

Man sollte jedoch trotz aller Möglichkeiten, die die Bach-Blütenessenzen bieten, sie sehr sparsam einsetzen. Sie sind letztlich wie jegliches Hilfs- und Heilmittel nur eine Krücke, und es ist sicherlich wesentlicher, sich selbst aktiv ohne solch ein Hilfsmittel zu entwickeln und die Kraft zur Chakren-Arbeit vollständig aus sich selbst zu beziehen, statt passiv ein Hilfsmittel zu gebrauchen, das einen in einen sensiblen Zustand versetzt. Es gibt viele Wege, die richtigen Fragen an seine Seele zu stellen. Leider ist jeder von uns bisweilen so blockiert und blind in bezug auf sich selbst, daß ein Anstoß durch die Bachschen Blütenessenzen (oder Homöopathie) uns viele Umwege ersparen kann. Ob ein Ersparen der Umwege gut ist? Gibt es Umwege?

In Findhorn pflegten wir in einer Gruppe, die mit Bach-Blütenessenzen experimentierte, diese Tröpfchen «sprituelles Opium» zu nennen...

Zum Schluß noch ein paar Worte.

Ich fände es lieb, wenn du mir deine Erfahrungen mit der Chakren-Arbeit und den von mir vorgeschlagenen Übungen mitteilen würdest. Ich selbst arbeite seit etwa fünf Jahren therapeutisch mit den Chakren, und jede Erfahrung von anderen hilft mir weiter, Menschen, die leiden, zu helfen.

Mich interessiert unter anderem, ob du Erfahrung mit Pendeln hast. Ich habe diesen Aspekt der Chakren-Arbeit hier nicht behandelt, da ich einfach nicht in der Lage bin, ihn systematisch darzustellen. Wenn ich die Bewegungsrichtungen der Ströme in den Chakren auspendele, dann erreiche ich bisweilen sehr widersprüchliche Ergebnisse, das heißt, manchmal zeigt das Pendel bei einem weit geöffneten Chakra die gleiche Bewegung wie bei einem geschlossenen. Ich habe die Vermutung, daß dies an dem temporären Zustand meiner eigenen Chakren liegt, konnte allerdings bis jetzt keine systematischen Zusammenhänge finden – aber bisweilen ist man ja in bezug auf sich selbst sehr blind. Was ich weiter ausgelassen habe, ist der Bereich der Beeinflussung der Chakren mit Glaspyramiden und Orgonakkumulatoren. In der Chakren-Arbeit stehe ich dem auch eher skeptisch gegenüber. Ich befürchte einmal, daß hierbei die Energetisierung der Chakren wenig zu dosieren ist und es leicht zu unkontrollierten Überenergetisierungen kommen kann, zum anderen halte ich diesen Weg für zu passiv, aber ich lasse mich gerne eines Besseren belehren.

Die gleichen Vorbehalte habe ich auch gegen die Anwendung von Pyramidenkräften in der Chakren-Arbeit, wenn ich auch meine, daß hierbei das Dosierungsproblem leichter zu meistern ist. Meiner Erfahrung nach wirken die Pyramidenkräfte sehr subtil und beim äußerst vorsichtigen Einsatz harmonisierend. Meine eigenen Pyramidenexperimente an mir selbst haben jedoch gezeigt, daß es zumindest auf mich harmonisierender wirkt, wenn ich alle meine Chakren zugleich kurzfristig mit sieben kleinen Pyramiden beeinflusse statt nur einzelne Chakren.

Ich habe vor Jahren einige Wochen lang in Griechenland in einer großen Holzpyramide gelebt und dabei die Erfahrung gemacht, daß ich unter diesen Umständen bei und nach den Übungen die Kraftströme in meinem Körper deutlicher gespürt habe. Allerdings konnte ich nie in der Mitte der Pyramide schlafen. Eine Zeit lang habe ich mit Stimmgabeln experimentiert. Ein besonders eindrucksvoller Effekt ergibt sich, wenn man eine Stimmgabel anschlägt und sie dann auf das SAHASRARA-Chakra setzt. Der gesamte Schädel scheint sich von innen mit der Tonschwingung zu füllen. Bei den anderen Chakren ist dieser Effekt längst nicht so eindrucksvoll.

Bei der Stimmgabelarbeit kommt es wohl besonders auf die Tonhöhe an. Ich konnte mit dem Ton Cis entsprechend dem Grundton SA der Sitar die harmonischsten Wirkungen feststellen.[2] Man kann aber auch mit der normalen Kammerton-A-Stimmgabel (440 Hertz), die überall zu bekommen ist, erstaunliche Ergebnisse erzielen.

In diesem Buch steht viel über die Harmonie geschrieben, und unser Bedürfnis nach innerer und äußerer Harmonie wächst mit der regelmäßigen Chakren-Arbeit. Das bedeutet für die erste Zeit nicht unbedingt, daß wir uns harmonischer fühlen. Mich hat es zu Beginn der Chakren-Arbeit verwirrt, als ich meine eigenen dunklen Seiten bedrohlich aufziehen sah, und es bedurfte vieler Energie, sie wieder aufzulösen. Heute kann ich diese Spannungen auch als sehr kreativ betrachten. Es ist diese Spannung, gut sein zu wollen und das Böse in sich zu spüren, die mich noch heute tief in die Meditation führt. Dort in der inneren Stille kämpfe ich darum, dem Guten seinen Platz zu bereiten.

Mit der Chakren-Arbeit streitet man immer um das Paradies – innen wie außen – und vermag oft nicht zu erkennen, daß das Paradies durch die Kraft der Erkenntnis unwiederbringbar verloren ging. Aber die Bemühungen um das Paradies läutern in alchemistischer Umwandlung unseren Geist und lassen uns mitleidsvoller werden. Vielleicht ist das das Ziel der Chakren-Arbeit, uns mit dem Buddha des Mitleids und Erbarmens AVALOKITESVARA zu verbinden.

Die Chakren-Arbeit stellt einen Selbsterkennungsweg dar, der einen gleich einer ernsthaften Therapie tiefgehend verändert, und diese Veränderung geschieht nicht ohne Leiden. Das Streben nach Harmonie geht immer durch das Leiden um das verlorene Paradies. Dies treibt uns zu Entscheidungen, und das ist der archimedische Punkt, die eigene Welt aus den Angeln zu heben. Wir schauen dort auf uns aus einer Höhe, in die wir erst hineinwachsen werden. Hier entsteht die Energie zu neuen Tatenfeldern. Und genau dies mag ein Aspekt des SAHASRARA-Prinzips sein, daß wir auf uns aus einer ungeahnten Höhe schauen. Dadurch entsteht die Spannung zwischen Ideal und Wirklichkeit, die uns bewegt. Die Harmonie scheint in der Bewegung zu liegen, nicht im starren paradiesischen Zustand.

Dies habe ich nach Jahren der Chakren-Arbeit verstanden. Vielleicht ist es wenig – mich hat es viel verändert, und manchmal habe ich Angst davor, wie es jetzt noch weitergehen wird, aber wenn du den Punkt des Leidens erreicht hast, dann mußt du einfach weitergehen.

GATE, GATE, PARAGATE	gehe, gehe, gehe dahinter
PARASAMGATE	gehe hinter das Dahinter
BHODI SVAHA	gelobt sei der Gehende

Ich hoffe, mit diesem Buch deinen Übungen und Reflexionen einige Anregungen gegeben zu haben, und möchte gerne jeden, der an der Chakren-Arbeit interessiert ist, zum Experimentieren ermuntern.

Für Fragen und Hinweise könnt ihr mich über den Verlag kontaktieren, und ich bin für Anregungen und auch jede Frage sehr dankbar.

Nun verbleibt mir nur noch, dir viel Spaß bei der Chakren-Arbeit zu wünschen, denn wenn die ganze Arbeit nicht auch von der Freude und vom Spaß getragen wird, dann bleibt keiner lange dabei, und ein gewisses Durchhaltevermögen ist schon nötig.

In deinem Körper befindet sich der Berg Meru,
umgeben von den sieben Kontinenten;
dort befinden sich auch die Flüsse,
die Seen, die Berge, die Ebenen
und die Götter der Bereiche.
Propheten kann man darin erblicken,
Mönche, Pilgerstätten
und darüber herrschende Gottheiten.
Dort sind die Sterne, die Planeten
und die Sonne im Verein mit dem Mond;
dort gibt es auch die beiden kosmischen Kräfte:
dasjenige, was zerstört, dasjenige, was erschafft,
und all die Elemente: Äther,
Luft und Feuer, Wasser und Erde.
Ja, in deinem Körper sind alle Dinge,
die in den drei Welten existieren;
sie alle erfüllen ihre vorgeschriebenen Aufgaben
um den Berg Meru herum.
Nur wer dies weiß,
kann als wahrer Yogi betrachtet werden.[3]

Anmerkungen

1 Die Bach-Blütenessenzen sind über das Dr. Edward Bach Centre, German office in der BRD zu beziehen (Mechthild Scheffer, Eppendorfer Landstraße 32, 2 Hamburg 20). Vgl. zu weiteren Informationen über Bach-Blüten: SCHEFFER, M.: Bach Blütentherapie, München [2]1982, und BACH, E.: Blumen, die durch die Seele heilen, München 1982. VOLLMAR, Klausbernd: Bach-Blütentherapie. In: HOLOGRAMM 41, Südergellersen 1985, und VOLLMAR; Klausbernd: Über den heilenden Geist der Pflanzen. In: Ulcus Molle Nr. 7/8, Bottrop 1982, S. 5–7

2 Das ist der Jahreston der Erde in der 32. Oktave. Aus technischen Gründen geht man noch eine Oktave höher und arbeitet mit einer Stimmgabel von 272,20 Hz. Dem entspricht übrigens der «Royal Cubit» der ägyptischen Pyramidenbaumeister als Längenmaß.

3 SIVA SAMHITA 2, 1–5. Texte übersetzt von VARENNE, Jean: Yoga and the Hindu Tradition, Chicago 1976, S. 155. Deutsche Übersetzung aus: KHANNA, Madhu, Das große Yantra-Buch, Freiburg/Br. 1980, S. 119

Literaturverzeichnis

ALLEN, Marcus: Tantra im Westen, Laufenburg 1982 (auch rororo transformation 8392)
ANAND, Margo: Tantra. Weg der Ekstase, Meinhard 1983
AVALON, Arthur: Hymns to the Gooddess, Madras 1952
AVALON, A.: Principles of Tantra, Madras ³1960
AVALON, A.: Die Schlangenkraft, Weinheim 1961
AVALON, A.: Shakti und Shakta, New York 1971
AVALON, A.: Tantraraja. A Short Analysis, Madras ³1971
AVALON, A.: The Tantra of the Great Liberation, New York 1972

BACH, Edward: Blumen, die durch die Seele heilen, München 1982
BAGCHI, P. Ch.: Studies in the Tantras, Vol. I, Calcutta 1939
BAGCHI, P. Ch.: Evolution of the Tantras. In: CHI Vol. IV The Religions, Calcutta ²1956, S. 211–226
BAIGENT, M. & LEIGH, R. & LINCOLN, H.: The Holy Blood and the Holy Grail, London 1983
BANERJI, S. C.: Tantra in Bengal. A Study in Its Origin, Development and Influence, Calcutta 1978
BEANE, W. C.: Cult and Symbols in Sakta Hinduism, Leiden 1977
BHAGWAN S. RAJNEESH: Tantrische Liebeskunst, Purvodaya 1979
BHARATI, Agehananda: Die Tantra-Tradition, Freiburg/Br. 1983
BHARATI, Agehananda: The Tantric Tradition, London ⁴1975
BHATTACHARYA, H.: Tantric Religion, in the Age of Imperial Kananji, Bombay 1955
BIRVEN, Henri: Lebenskunst in Yoga und Magie, Zürich 1953
BLAIR, Roman: Yoga for the Family, Sidney 1966
BOSE, Maindra M.: The Post – Caitanja Sahajiya Cult of Bengal, Calcutta 1930
BORROMEE, Antoine & DAGPO, Rimpoche: Der Dalai Lama, München 1984
BRIGGS, G. W.: Gorakhuath and the Kanphata Yogis, Calcutta 1938

CALAND, W.: Altindische Zauberei, Amsterdam 1968
CARLSTEDT, G.: Studier i Kularnava-Tantra, Uppsala 1974
CHAKRAVARTI, Ch.: The Tantras, Calcutta 1963
CORBIN, Henri: The Man of Light in Iranian Sufism, Boulder, London 1978
CROWLEY, Aleister: The Moonchild, London 1968
CULLING, Louis T.: The Complete Magick Curriculum of the Secret Order G.·. B.·. G.·., St. Paul/Minn. 1970

DASGUPTA, S. B.: Obscure Religious Cults as Background of Bengali Literature, Calcutta ²1962
DAVID-NEEL, A.: Liebeszauber und schwarze Magie, Basel 1983
DIMOCK, E. C.: The Place of the Hidden Moon-Erotic Mysticism in the VAISNAVASAHAJIYA Cult of Bengal, Chicago, London 1966
DOCZI, György: Die Kraft der Grenzen, München 1984
DOSSEY, Larry: Die Medizin von Raum und Zeit, Basel 1984 (auch rororo transformation 8327)
DOUVAL, H. E.: Eros und Magie, Büdingen 1959

ERLER, Martin: Der moderne Mensch und das Ritual, München o. J.

GARFIELD, Patricia: Der Weg des Traummandala, Interlaken 1981
GARRETT, John: Tantra. The Legends of Tantra, Bangalore 1865
GAWAIN, Shakti: Stell Dir vor, Basel 1984 (auch rororo sachbuch 8093)
GEBA, Bruno: Das Atembuch, Berlin 1976
GOSH, A. B.: The Spirit and Culture of the Tantras. In: CHI IV, Calcutta ²1956, S. 241–251
GONDA, J.: The Indian Mantra. In: Oriens 16, Leiden 1975, S. 224–297
GONDA, J.: Die Religionen Indiens, 2 Bd., Stuttgart ²1978; VISNUISM and SIVAISM, a Comparison
GOUDRIAAN, Tenn: Maya Divine and Human, Delhi 1978
GOUDRIAAN, Tenn & GUPTA, Sanjukta: Hindu Tantric and Sakta Literature, Wiesbaden 1981
GOVINDA, Anagarika Lama: Tibetan Yoga and Secret Doctrines, London 1935
GOVINDA, A. Lama: Der Weg der weissen Wolke, Bern, München, Wien ⁸1983
GUENTHER, Herbert von: The Tantric View of Life, Berkeley, London 1972
GUENTHER, Herbert von & TRUNGPA, Tschögyam: Tantra im Licht der Wirklichkeit, Freiburg 1984

GUPTA, Sanjukta & HOENS, Dirk Jan: Hindu Tantrism. In: Handbuch der Orientalistik, 2. Abt.: Indien, 4. Bd., 2. Abschnitt, Leiden, Köln 1979

HAICH, Elizabeth: Sexuelle Kraft und Yoga, Engelberg, München 1971
HAVER, J. W.: Yoga als Heilweg, Stuttgart 1932
HERTEL, Johannes: Tantrakhyayika: The Tantra. Boston 1915
HINZE, Oscar M.: Tantra Vidya, Freiburg/Br. 1983
HOPKINS, Jaffrey: Tantra in Tibet, Düsseldorf, Köln 1982
HOUSTON, Jean: Handbuch zur Entwicklung des menschlichen Potentials, Basel 1984 (auch rororo transformation 8323)

INHOFFEN, Hubertus von: Yoga – Wissen der Vergangenheit, Wissenschaft der Zukunft, München 1983

JOHARI, Harisch: Das große Chakra-Buch, Freiburg 1979
JOY, Brugh W.: Weg der Erfüllung, Interlaken 1985
JUNG, Carl Gustav: Gesammelte Werke, Olten, Freiburg [3]1979

KAKATI, B. K.: The Mother Goddess Kamakhya, Gauhati [2]1961
KRANICH, Ernst M.: Die Formensprache der Pflanze, Stuttgart 1979

LANGEN, D.: Archaische Ekstase und asiatische Meditation, Stuttgart 1965
LEADBEATER, Charles: Die Chakras, Freiburg [4]1983
LEARY, Thimothy: Spiel des Lebens, Basel 1984

MASTERS, Robert: Bewußtseinserweiterung für Körper und Geist, München 1983
MEEK, George W.: Heiler und der Heilprozeß, München 1980
MENON, C. A.: Kali-worship in Kerala, Madras [2]1959
MERTZ, B. A. & STRUCK, Paul: Astrologie und Tarot, Interlaken 1981
MITRA, R.: The Sanskrit Buddhist Literature of Nepal
MOOKERJEE, Ajit & KHANNA, Madhu: Die Welt des Tantra in Bild und Deutung, München 1978
MUDALIYAR, Tandavaraya: Tantra, Madras 1891
MUMFORD, Jonn: Tantrische Sexualmagie, Basel 1984

NANDI, R. N.: Religions, Institutions and Cults in the Deccan, Delhi 1973

Nath Dutt, Manmatha: Interpretation of Tantric Doctrine and Ritual, Calcutta 1900
Nichols, Sallie: Die Psychologie des Tarot, Interlaken 1984

Patanjali: Die Wurzeln des Yoga, die Yoga-Sutren des Patanjali, München, Wien 1976
Pennington, George: Handbuch für Glasperlenspieler, Haldenwang 1981
Pott, P. H.: Yoga und Yantra, Den Hague 1966

Rastogi, N.: The Krama Tantricism of Kashmir, Vol. I, Delhi 1979
Rawson, Philip: Tantra, München, Zürich 1974
Ray, P. C.: History of Chemistry in Ancient and Medieval India, Calcutta 1902 bis 1908
Regmi, D. R.: Medieval Nepal, 3 Bde., Calcutta 1965/66
Rendel, Peter: Einführung in die Chakras, Basel 1983

Sadagopachariar, M. C.: The Third Story of Tantra, Madras 1889
Sasparasi, P. J.: Tantra: Text and Teaching, Calcutta 1901
Sastry, Kapali: Sidelights on the Tantra, Pondicherry 1971
Scharf, Siegfried: Das große Buch der Herzmeditation, Freiburg/Br. 1979
Scheffer, Mechthild: Bach Blütentherapie, München [2]1982
Schmidt, Richard: Fakire und Fakirtum, Wien 1925
Schmidt, R.: Beiträge zur indischen Erotik, Berlin 1911
Selby, John: Natürlich atmen, Basel 1984
Serrano, Miguel: EL/ELLA, Basel 1982
Sharma, P. K.: Sakti Cult in Ancient India, Varanasi 1974
Snellgrove, D. L.: The Hevarjra Tantra, London 1959 (mit Übersetzung)
Spiesberger, Karl: Karezza und Runenkarezza, Freiburg o. J.
Steiner, Rudolf: Wie erlangt man Erkenntnis der höheren Welten? Stuttgart 1961

Teschler, Wilfried: Das Polarity-Handbuch, Haldenwang 1984
Thie, John F.: Touch for Health, Gesund durch Berühren, Basel 1983
Thirleby, Ashley: Das Tantra der Liebe, Bern, München
Thirleby, Ashley: Tantra: Reigen der vollkommenen Lust, Bern, München, Wien 1984
Trungpa, Chögyam: Feuer trinken, Erde atmen, Köln 1981
Tsong-Ka-Pa: Tantra in Tibet, Boston, Sidney 1977

UNGERN-STERNBERG, O. v.: Die Sternenschrift im Gralsgeschehen, Kinsau/Lech 1984

VENKATARAMAN, K. R.: Sakti Cult in South India. In: CHI IV, Calcutta ²1956, S. 252–259

VOLLMAR, Klausbernd: Über den heilenden Geist der Pflanzen. In: Ulcus Molle Nr. 7/8, Bottrop 1982, S. 5–7

VOLLMAR, Klausbernd: Erfahrung bei der Arbeit mit den Chakren. In: NETZWERK 85, Basel 1984/5, S. 190–205

VOLLMAR, Klausbernd: Bach Blütentherapie, In: Hologramm 41, Südergellersen 1985

WAYMAN, A.: The Buddhist Tantras, New York 1973

WINTERNITZ, M.: Notes on the Guhyassamaya Tantra and the Age of the Tantra, In: IHQ Vol. 9, 1933, S. 1–10

WILBER, Ken: Halbzeit der Evolution, München 1984

WEIGEL, Gisela & WENZEL, Franz: Die entschleierte Aura, Forstinning 1983

YIN-YANG: Zeitschrift seit 1984, Berlin

ZURFLUH, Werner: Quellen der Nacht, Interlaken 1983

Worterklärungen

AFFIRMATION: Eine positive Aussage, die eine Kraft entfaltet, daß das, was ausgesagt ist, die Tendenz entwickelt, sich real zu manifestieren.

AJNA: Drittes Auge. Das sechste Chakra.

ANAHATA: Herz-Chakra. Das vierte und mittlere der Chakren.

ARDHA-MATSENDRAASANA: Der Drehsitz. Eine klassische Yoga-Übung.

ARKANA: Begriff aus dem Tarot (Kabbala). Bezeichnet die 21 Trümpfe des Tarot-Spiels.

ASANA: Körperübung im Yoga. Yoga-Position.

ASSIMILATION: Begriff, der ursprünglich aus der Biologie stammt und die Anpassung eines Organismus an seine Umwelt beschreibt.

AVALOKITESVARA: Buddha des Erbarmens

BHARATI-STHANA: Wohnort der göttlichen Sprache. Name für das (befreite) Kehl-Chakra.

BHASTRA: Verbundenes Atmen, d.h. ein- und ausatmen wie aus- und einatmen, ohne eine Atempause dazwischen einzulegen.

BIJA: Weibliche Energieform, die gemäß dem Hinduismus vom Shakti-Prinzip ausgeht. Das Shakti-Prinzip wird hierbei als formgebendes Prinzip aufgefaßt.

BINDU: Männliche Energieform, die gemäß dem Hinduismus vom Shiva-Prinzip ausgeht. Das Shiva-Prinzip wird hierbei als formlos aufgefaßt.

BIOENERGETIK: Methode der Körperarbeit, die in ihrer Theorie auf Wilhelm Reich zurückgeht und in ihrer Praxis auf Alexander Lowen. Es wird mit Energiepotentialen vergleichbar der → Prana-Energie gearbeitet.

Buddha amithaba: Das Prinzip des formlosen Anfangs. Dieses Prinzip legt auch nahe, daß es erst dann Erleuchtung gibt, wenn alle fühlenden Wesen erleuchtet sind. Als Verkörperung bringt dieser Buddha des Mitleids auch das letzte fühlende Wesen zur Erleuchtung.

Chakren: Energiezentren im Körper, die in 7 Haupt- und viele Neben-Chakren eingeteilt werden.

Chöd-Lehre: Tibetische Yoga-Schrift (aus dem Hatha-Yoga) zur Arbeit mit Chakren.

Dinergie: Wachstumsspendende Kraft, die auf der Integration der Gegensätze beruht.

Gestalt-Therapie: Methode der humanistischen Psychologie, die auf die Feldtheorie zurückgeht. Von der Feldtheorie abgeleitet geht es u. a. um das «Hier und Jetzt»-Bewußtsein. Besonderer Wert wird auf die Eindeutigkeit und Klarheit des Ausdrucks gelegt.

Halasana: Der Pflug. Klassische Yoga-Übung.

Hara: Die Körpermitte um den Nabelbereich herum. Begriff aus dem japanischen Buddhismus.

Hatha-Yoga: Wörtlich: Sonne-Mond-Yoga. Ein aus Körper-, Atmen- und Meditationsübungen bestehendes grundlegendes Yoga-System.

Hologramm: Mit Lasertechnik erzeugtes Bild, dessen beliebig ausgewählte Teile wieder das Gesamtbild beinhalten.

Ida: Der weibliche oder Yin-Aspekt der Lebensenergie. Wird im Yoga als einer der 3 Kanäle gesehen, durch den die Lebensenergie aufsteigt.

Iyengar-Yoga: Yoga nach dem zeitgenössischen indischen Meister Iyengar, der ein grundlegendes Buch zur Körperarbeit und eines zur Atemarbeit veröffentlichte.

Jin Shin Jyutzu: Therapiemethode, bei der nach bestimmten Schemata mit beiden Händen zwei verschiedene Körperpunkte verbunden werden. Durch diese Art der Therapie werden die Körperenergien ausgeglichen, und es können mit ihr physische und psychische Krankheiten geheilt werden.

Kundalini: Vitale Lebensenergie, die durch eine Schlange symbolisiert wird. Schlangenkraft.

Laya-Yoga: Ein Yoga-System, das sein Schwergewicht auf die Chakren-Arbeit legt.

LOTOSBLÜTEN: Poetisch-symbolischer Name für die Energiezentren im Körper. → Chakren.

MAITHUNA: Im Tantrismus der Weg der Vermählung von männlicher und weiblicher Energie. Entspricht in der alchemistischen Tradition dem Mysterium Conjunctionis.

MANIPURA: Nabel- bzw. Solar-Plexus-Chakra. Das dritte Chakra, die Körpermitte oder der Körperschwerpunkt. Entspricht in etwa dem Begriff → Hara im Japanischen.

MANTRA: Heilige oder magische Silben, Worte oder Sätze, meist aus dem Sanskrit oder Tibetischen. Es geht bei den Mantras weniger um den Inhalt (Semantik) als um die Tonschwingung (Phonetik).

MATSYASANA: Der Fisch. Klassische Yoga-Übung.

MEDITATION: Geistige Zentrierung verschiedener Ausprägung. Das Ziel jeglicher Meditation ist die Einheitserfahrung.

MUDRA: Bestimmte Fingerhaltung, die die Zentrierung und Konzentration in der Meditation fördert.

MULADHARA: Wurzel-Chakra. Das unterste Chakra.

NADA: Die Energie, die bei der Verbindung von Shiva und Shakti als gegensätzliche Prinzipien freigesetzt wird. Gleichzeitig wird hierbei jegliche Dualität überwunden, was zur wahren Erkenntnis führt.

NADIS: Nervenartige Energieleitungen im menschlichen Körper («Yoga-Nerven»). Einige Forscher setzen die Nadis mit den Meridianen in der Akupunktur gleich.

PASCHIMOTTANASANA: Die Zange. Eine klassische Yoga-Übung.

PINGALA: Der männliche oder → Yang-Aspekt der Lebensenergie. Wird im Yoga als einer der 3 Kanäle gesehen, durch den die Lebensenergie aufsteigt.

PRANA: Urenergie, die die Psyche an den Körper bindet.

PRANAYAMA: Atemübung im Yoga

PRATI PRASSAV: Im Dienste der → Meditation sich mit seiner Vergangenheit zu beschäftigen, um Hemmungen zu überwinden.

RAJAS: Entspricht in der indischen Philosophie der kardinalen Qualität in der Astrologie.

RAJA-YOGA: Eine hochentwickelte Stufe des Yoga, die langjährige Erfahrungen im → Hatha-Yoga voraussetzt. Im Raja-Yoga ist das Ziel, die → Kundalini steigen zu lassen.

REBIRTHING: Methode der Körperarbeit, bei der das Schwergewicht einmal auf dem Atem liegt und zum anderen auf → Affirmationsbildung. Hierbei wird weitgehend mit verbundenem Atem gearbeitet.

REFLEXZONENMASSAGE: Massage von bestimmten Punkten und Arealen an der Fußsohle und teilweise auch im oberen Fußbereich, über die die Funktionen der Körperorgane reguliert werden können.

ROTES TANTRA: Im roten Tantra wird die Sexualität als Fahrzeug zur Selbstverwirklichung und darüber hinausgehend zur Verwirklichung des göttlichen Prinzips genutzt. In der rituellen sexuellen Ekstase kann nach dieser Auffassung jegliche Begrenzung durch die Illusion aufgehoben werden. Mann und Frau treffen sich im roten Tantra als Verkörperung von Shiva und Shakti, also als Gott und Göttin.

SAHASRARA: Kronen-Chakra bzw. Tausendblättriger Lotos. Das oberste Chakra.

SARWANGASANA: Der Schulterstand bzw. die Kerze. Klassische Yoga-Übung.

SATTVA: Entspricht in der indischen Philosophie der veränderlichen Qualität in der Astrologie.

SKULD: Die dritte Norne im germanischen Mythos.

SUKHAPADMA ASANA: Übung aus dem Tantrismus (rot), bei der Mann und Frau beim Koitus sich weitgehend an allen Chakren berühren.

SUSHUMNA: Der Zentral-Aspekt der Lebensenergie, der mit Erkenntnis und Meditation verbunden ist. Wird im Yoga als einer der 3 Kanäle gesehen, durch den die Lebensenergie aufsteigt.

SVADISTHANA: Sexual- bzw. Sakral-Chakra. Das zweite Chakra.

SYNERGIE: Das Zusammenschwingen von einzelnen Energien in einer Gruppe (biologisches Interferenzmuster), wodurch eine neue Energiequalität entsteht, die die Summe der einzelnen Energien übersteigt.

TAMAS: Entspricht in der indischen Philosophie der fixen Qualität in der Astrologie.

VISHUDDHA: Kehl-Chakra. Das fünfte Chakra.

Yamantaka: Die tibetische Personifikation des Überwinders des Todes.

Yang: Der helle oder männliche Archetypus.

Yin: Der dunkle oder weibliche Archetypus.

Yoni Asana: Übung aus dem → roten Tantra, die Sexualität als Mittel zur Selbstverwirklichung benutzt.

WERKSTATT EDITION
AXEL DIETRICH VERLAG

Ein weiterer Titel
von
Marcus Allen

Astrologie für das Neue Zeitalter

Eine einfühlsame Einführung. Dieses Buch bringt den Leser auf ganz besonders herzerquickende Art und Weise der Astrologie näher. Es zeigt ihm, wie er die Lehren dieser alten kunstvollen Erkenntnislehre auf seinem eigenen Weg der Selbstentfaltung und Persönlichkeitsentwicklung anwenden kann. Es möchte den Leser für seine intuitiven Fähigkeiten öffnen und ihm die Information und Führung geben, die er braucht, um Astrologie als sinnvolles Mittel zur Weiterentwicklung zu nutzen. Aus dem Inhalt: Der Ursprung der Astrologie, jedes Zeichen hat seine Stärke, wie man ein Horoskop macht, wie man ein Horoskop deutet, Mondbetrachtungen, Gedanken zu deinem Horoskop, Verträglichkeit / Unverträglichkeit, herkömmliche Astrologie, Gebrauch und Mißbrauch und vieles andere mehr.

ISBN 3-923080-01-8 136 Seiten 2. Auflage Preis : 17.— DM

Bitte fordern Sie unseren Verlagsprospekt an.

—WERKSTATT-EDITION— D-7821 Dachsberg

transformation

Lynn Andrews
Die Medizinfrau
Der Einweihungsweg einer weißen Schamanin (8094)

Itzhak Bentov
Auf der Spur des wilden Pendels
Abenteuer im Bewußtsein (7973)
Cosmic Book
Wie die Schöpfung funktioniert (8334) April '87

Joachim-Ernst Berendt
Nada Brahma – die Welt ist Klang (7949)

Morris Berman
Wiederverzauberung der Welt
Am Ende des Newtonschen Zeitalters (7941)

Arthur J. Deikmann
Therapie und Erleuchtung
Die Erweiterung des menschlichen Bewußtseins (8089)

Larry Dossey
Die Medizin von Raum und Zeit
Ein Gesundheitsmodell. Vorwort von Fritjof Capra (8327) März '87

Norbert A. Eichler
Das Buch der Wirklichkeit
Das I Ging für das Wassermann-Zeitalter (7921)

Piero Ferrucci
Werde, was du bist
Selbstverwirklichung durch Photosynthese (7980)

Michael Harner
Der Weg des Schamanen
Ein praktischer Führer zur inneren Heilkraft (7989)

Paul Hawken
Der Zauber von Findhorn
Ein Bericht (7953)

Jean Houston
Der mögliche Mensch
Handbuch zur Entwicklung des menschlichen Potentials
(8323) Mai '87

George Leonhard
Der Rhythmus des Kosmos (7959)

sachbuch rororo transformation

C 2296/1

transformation

Lawrence LeShan
Von Newton bis PSI
Neue Dimensionen im Umgang mit der Wirklichkeit (7966)

Bruno Martin
Handbuch der spirituellen Wege
Überarbeitete Neuausgabe (7909)

Hermann Meyer
Astrologie und Psychologie
Eine neue Synthese (7995)

Jeremy Rifkin
Kritik der reinen Unvernunft
Pamphlet eines Häretikers (8317)

Theodore Roszak
Mensch und Erde auf dem Weg zur Einheit
Ein Manifest (7998)
Das unvollendete Tier
Eine neue Stufe in der Entwicklung des Menschen (7913)

E. F. Schumacher
Rat für die Ratlosen
Vom sinnerfüllten Leben (8311)

Idries Shaw
Das Zauberkloster
Alte und neue Sufi-Geschichten (8303)

Tathang Tulku
Raum, Zeit und Erkenntnis
Aufbruch zur neuen Erfahrung von Welt und Wirklichkeit (8099)

Alan Watts
Dies ist Es
Über Zen und spirituelle Erfahrung (7908)

Janwillem van de Wetering
Ein Blick ins Nichts
Erfahrungen in einer amerikanischen Zen-Gemeinde (7936)

Gary Zukav
Die tanzenden Wu Li Meister
Der östliche Pfad zum Verständnis der modernen Physik: vom Quantensprung zum Schwarzen Loch (7910)

sachbuch rororo transformation

C 2296/1 a

Lernprogramme

Eine Auswahl

Maren Engelbrecht-Greve
Streßverhalten ändern lernen
Programm zum Abbau psychosomatischer Krankheitsrisiken (7193)

Wayne W. Dyer
Der wunde Punkt
Die Kunst, nicht unglücklich zu sein. Zwölf Schritte zur Überwindung der seelischen Problemzonen (7384)

Thomas Gordon
Managerkonferenz
Effektives Führungstraining (7671)

G. Hennenhofer/K. D. Heil
Angst überwinden
Selbstbefreiung durch Verhaltenstraining (6939)

Rainer E. Kirsten/Joachim Müller-Schwarz
Gruppentraining
Ein Übungsbuch mit 59 Psycho-Spielen, Trainingsaufgaben und Tests (6943)

Walter F. Kugemann
Lerntechniken für Erwachsene
(7123)

Rupert Lay
Meditationstechniken für Manager
Methoden zur Persönlichkeitsentfaltung (7242)

Ernst Ott
Optimales Lesen (6783)
Optimales Denken (6836)
Das Konzentrationsprogramm
Konzentrationsschwäche überwinden – Denkvermögen steigern (7099)
Intelligenz macht Schule
Denk-Beispiele zur Intelligenzförderung für 8- bis 14jährige (7155)

Gesundheit!

Eine Auswahl

Anne Kent Rush (Hg.)
Rückenschmerzen
Ungewöhnliche Methoden zur Vorbeugung und Heilung (7902)

Prof. Dr. med. Ferdinand Schmidt
Raucherentwöhnung
(7833)

Lisette Scholl
Das Augenübungsbuch
Besser sehen ohne Brille – eine ganzheitliche Therapie (7881)

Silke Schwartau
Schöner, stärker, schlanker
Werbung und Wirklichkeit.
Die Verbraucherzentrale informiert (7847)

Dagobert Tutsch
Taschenlexikon der Medizin
Über 17000 Namen, Begriffe und Methoden aus allen Bereichen der Medizin – präzise und allgemeinverständlich erklärt (6285)